日本唯一の家事シェア研究家が導き出した

家族全員自分で動くチーム家事

三木智有

Discover

はじめに
自由に自分らしく暮らす家族は、家事育児を支え合っている

人生を変えたいと思ったとき、あなたなら何を変えるでしょうか。「人生を変える」という言葉から連想されるのは、仕事やお金、健康、よい習慣などの自己啓発です。それらは確かに自分自身を変えてくれる力がありますが、もうひとつ、もっとも「人生を変える」のに、これまであまり語られてこなかったことがあります。

それは、**家庭生活をより良くする方法**についてです。

家庭生活は、文字通り人生を大きく変えます。その変化は一律ではなく、結婚を通してより自由に、活き活きと自分の人生を歩み出す人もいれば、家庭生活が不自由な鎖となり自分らしさを見失ってしまう人もいる。そして、その間にはグラデーションがあり、家庭生活から得る恩恵は人それぞれに差があります。子どもが産まれればまた大きく環境が変わり、さらに人生は変わっていくでしょう。

もちろん家庭生活は仕事にも、お金にも、健康にも、習慣にも影響を及ぼします。2010年に内閣府が行った調査によると、「生活の満足」は「職務満足」「仕事のパフォーマンス」によい影響を与えている可能性が高いとされています。こうした調査結果を持ち出すまでもなく、家庭内が平和で助け合えているのと、不満を言い合ってギスギスしているのでは、人生のパフォーマンスが違ってくるのは想像にかたくありません。

これだけ人生に大きな影響を与えるテーマでありながら、これまで語られてきた家庭の運営はどこか**女性の課題**という視点ばかりでした。ですが、本来は女性だけの課題ではなく、家族の人生の話であり、それぞれの人生がよりすばらしいものになるための話であるべきです。

今では当たり前の価値観となったワーク・ライフ・バランスですが、これまでの取り組みや情報は「仕事を効率化させて、家庭時間を増やす」というところで止まっていました。では、そこで生まれた家庭時間をどう活用すれば家庭の運営は心地よいものになるのでしょうか。

本書は、そんな**人生を変える家庭生活の改善方法**について書いた本です。

＊＊＊

はじめまして。日本唯一の家事シェア研究家として活動している三木智有です。僕が「家事シェア」を広める活動を始めたのが、2010年。2011年にはNPO法人tadaima!を立ち上げ、本格的に家事シェアを広める活動を始めました。

当時の家事分担と言えば「いかに夫を教育するか」ということでした。しかし、男性の立場からすると、妻に教育（!）されるのも何となく納得がいきません。それに、そもそも家事（育児）は妻の仕事じゃなくて「家族の仕事」じゃないの？　と不思議に思っていました。だから、「家事は分担するものではなく、共有（シェア）するもの」という思いを込めて、家事分担ではなく「家事シェア」と言うようになったのです。

それから14年、「男性も家事育児をするのが当たり前」という価値観はずいぶんと広まってきました。それでも実際に家族間でシェアをしようとすれば、様々な問題が立ちふさがり、思ったようにできないケースも多いものです。

子どもを授かって、共働きじゃないと経済的に不安。途中でキャリアを途絶えさせてしまうと復帰が難しくなることも容易に想像できる。だからこそ時短勤務をしたり、保育園や学童を探し回ったりしている。家族がいて、仕事もして、幸せなはずなのに、なぜこんなにも疲れ切っているんだろう。何のために、こんなに無理をしてまで働き続けているんだろう。どうして、自分ばかりこんなに大変なんだろう……。

こうしたママたちの悩みを、数え切れないほど聞いてきました。

一方で、パパたちも仕事と家庭の両立で悩んでいます。

忙しく働きながら、自分だってできる家事育児はちゃんとやっている。家計のことを考えると、自分が時短勤務で働くなんてできやしない。お互いにできることを一生懸命やっているはずなのに、どうしてこんなに責められるような気持ちになるんだろう。いったい自分にどうしろって言うんだ。

お互いに幸せで、でもどこかヒリヒリした日常を送りながら、「**本当にこのままで**

いいのかな？　でも、もうこれ以上自分たちにできることなんてない」というモヤモヤを抱えているのではないでしょうか。

共働き子育て夫婦の毎日は、息をつく暇もないほど忙しいです。緊急度の高い課題をこなすので精一杯。ですが、後回しにしてきたツケは、何年もしてから突如回ってくることがあります。

わが家の家事シェアを最適化させていこう

この本は、**家庭生活という「人生の土台」を、自分たちらしく、より自由につくっていきたいご夫婦**に向けて書きました。いわゆる仕事と家庭の両立をテーマにした話では「働き方」に重点が置かれがち。ですが、両輪のもう片方である「家庭」も、仕事同様にマネジメントしていく必要があるはずです。

家庭マネジメントでは、時短家事の知識を身につけたり、家事代行業者に外注したりするのも効果的です。でも、すべての土台となるのは家族での助け合いだと思うのです。時短家事の知識だって、ひとりでがんばるよりもふたりで実践できたほうが効果があります。家事代行を依頼するのもふたりで考え、足りてないところをしっかりとサポートしてもらうほうが、お互いの納得感や満足感も高まるでしょう。

そうは言っても、家事シェアは一筋縄ではいきません。そこには**4つの溝が大きな口を開けて待ち構えています。**

それは、

- 家族観の違いの溝
- 情報とスキルの夫婦格差の溝
- 時間の優先順位の溝
- 夫婦の対話の溝

です。

この溝が夫婦の助け合いを妨げ、わかり合えない不公平感を感じさせています。ですが、この溝はただ夫婦の価値観を隔てているのではありません。溝が埋まり、お互いが近づくことでより大きな新大陸へと発展していく可能性を秘めた溝です。

ふたりの助け合いを邪魔し、すれ違いを起こさせるこの溝を一緒に乗り越えることで、その絆はより深まっていきます。

わが家の家事をチーム化するステップ

この本では、家族の間にある4つの溝を乗り越え、「チーム家事」を実現する方法を提案していきます。

まず序章では、本書で提案している「チーム家事」とは何かについてお話しし、自分たちに向いているチームスタイルを診断していきます。 わが家がどのようなスタイルでチーム化していくのかを知ることで、その後のテクニックや考え方をどう活かせばよいかがイメージしやすくなります。

第1章では、「家族観の違いの溝」の乗り越え方についてお話しします。 夫婦は家族でありながら、もっとも身近な他人です。育った環境の違いによる価値観の違いとどうやって折り合いをつけていくのか、これから自分たちがどんなチームになっていくのか、その土台になるところです。

第2章は、「情報とスキルの夫婦格差の溝」。チームとして日々の生活を回していくには、情報共有が欠かせないので、お互いが管理しやすい情報共有のポイントを紹介していきます。また、家事スキルの差は、「やり方の違い」を可視化することで解決していきます。

第3章は、共働き家庭においてもっとも切実な悩みともなる「時間の優先順位の溝」。忙しい共働き家庭でも不公平感を抱かなくていいように、合理的かつ効果的な家事育児の助け合い方を紹介します。

第4章の「夫婦の対話の溝」は、コミュニケーションについてです。意見が対立したときにどうすればいいのか、対話の時間がなかなか取れない場合はどうやって時間を捻出すればいいのか、事例とともにお伝えしていきます。

最後の第5章は、少し毛色を変えて「子どもをチーム家事の一員にする方法」をお話しします。主な対象年齢は未就学〜小学生くらいのお子さんを想定しています。この時期に子どもに家事の大切さを伝えることは、子どもにとっても、家族にとっても一生の宝ものとなります。

あらかじめお伝えしておくと、家族・夫婦のかたちは本当に様々です。だから「こうすればうまくいく」という絶対的な答えがあるわけではありません。本の中ではすぐに実践できる方法も色々とご紹介していますが、本当にお伝えしたいのはその背景。やり方が大事なのではなく、なぜそのやり方をおすすめしているのか、そのロジックを知ってもらうことで自分たちなりのアレンジをしていけるようになります。

ぜひ自分たちなりのベストな家事シェアを見つけ出してください。

「家事育児を、家族で助け合うことを、諦めなくてよかった」

本書を読んでくれたあなたが、もしもそう思ってくれたなら、著者としてこんなにもうれしいことはありません。

目次

Chapter 1
第1の溝「家族観の違い」を取っ払う

Chapter 2
第2の溝「情報とスキルの夫婦格差」を埋める

Chapter 3

第3の溝 不公平な時間の優先順位を見直す

Chapter 4

第4の溝　夫婦対話の溝を埋める

Chapter 5

子どもをチームの一員にする

序章

わが家の
チームスタイルと
4つの溝

チーム家事が、家族の人生をより自由にする

家族がより自由になる旅へようこそ！

まず序章として、本書で目指す「チーム家事」とは何かをお伝えし、あなたの家庭がどんなスタイルで運営するとよいかを診断していきましょう。自分たちが今、どのようなチームスタイルで家事シェアを行っていて、なぜうまくいったり、いかなかったりするかを知るだけでも改善のヒントになるはずです。

本書で呼ぶ「チーム家事」とは、家事育児がワンオペではなく、チーム化された状態を指します。つまり**家事育児をひとりに頼り切らない状態をつくる**ことです。

チーム家事がもたらしてくれる最大の恩恵は**夫婦で力を合わせてつくる、自分らしく豊かな日々**です。

朝目覚めたらゆっくりと朝日を浴びて、温かいお茶を飲む……なんてのは夢のまた夢。覚醒とともにキッチンで朝食をつくり、洗濯機を回し、子どもたちを起こし、ご飯を食べさせ、叱咤激励しながら朝の支度を促し、家を出る頃にはすでにひと仕事終えたような疲労感。

この家庭内戦争は帰宅後も待っています。夕飯をつくり、子どもに食べさせ、片付けをし、お風呂に入れて……。1日の中で、わずか30分でいい、自分らしく好きに過ごせる時間がほしい。そんな悲鳴は、今や世界中にあふれかえっています。

この戦場にいるような日々の慌ただしさは、ワーキングマザーだけの問題でしょうか。たしかに仕事と家庭の両立という最前線に立ち、毎日家庭を回しているのはワーキングマザーが多いでしょう。でも、問題はワーキングマザーであることではありません。**解消するべきは「ワンオペ状態」なのです。**

「仕事と家庭の両立」という理想は、社会の問題である側面がおおいにあります。残業体質な働き方、待機児童が多く保育園に入れられない、預けられても子どもの発熱などの急なトラブル対応に追われ、小学校に入れれば「小1の壁」もあります。

「共働き家庭が当たり前になっているのに、なんでこんなに子育てが無理ゲーなんだ……！」

どれだけの家族が、言葉にならない憤りを叫んだことでしょうか。ただ、こうした多くの叫びを受けて、社会は少しずつ変わってきています。

育児介護休業法は２０２１年から段階的に改正が進み、企業は男女問わず育休の推進をしなくてはいけませんし、家事代行やベビーシッターなどのサービスも10年前と比べてずいぶん利用しやすくなっています。それでも、ワーキングマザーが抱える家庭内戦争状態は、まだまだ解消されてはいないのです。

毎日の生活は１日１日着実に過ぎていきます。子どもの成長は待ったなしです。社会が両立に向けて完璧に制度を整えてくれるのを、僕たちは待っているわけにはいきません。それまで「自分らしく豊かな日々」を先延ばしにするなんて、あまりにも残酷だと思うのです。

だから、僕たちが取り組むべきは「夫婦で力を合わせる」ことです。

この文章を書いている2023年の夏。衝撃的な数字が発表されました。なんと、夫婦の家事の8割を、妻が行っているというのです。これは厚生労働省所管の国立社会保障・人口問題研究所が2022年に実施した「全国家庭動向調査」の調査結果。社会が両立に向けて動いているはずなのに、この調査結果にあるように妻の抱えるワンオペ問題は取り残されたままです。

日々の暮らしが慌ただしくなってしまう大きな原因は「ワンオペ」です。**人の手が増えれば増えるほど、穏やかな時間や気持ちの余裕を取り戻すことができます。**

もちろん、夫婦の力だけですべてが解消されるわけではありません。様々な人の手を借りながら乗り越えていくのが、これからの家事育児。夫婦、地域、社会支援、テクノロジーなど、あらゆるリソースを活用して家事育児をワンオペからチーム化する、それが「チーム家事」です。

わが家のチーム家事スタイルを見つけよう

さあ、いよいよわが家の家事をチーム化するための準備をしていきましょう。
まず大切なのは、**自分たちのチームスタイルを知る**ことです。

「家事をどのようにシェアしていますか?」と聞くと、多くの方は答えに詰まってしまいます。「わたしがこれとこれとこれと……、これは夫もたまにやってくれます」のように「できるときにやる」方式をとっていても、それが圧倒的に妻側に偏っていて、家事シェアのスタイルなんて特にない、となってしまうのです。

このように分担していると、「できることをもう少しやって」と抽象的なお願いをしたり、「自分で出したものくらいは片付けて」と細かなお願いをしたり。そうやってツギハギしながらチーム化が進んでしまっているケースをたくさん見てきました。こうして増築するようにルールをつくっていて困るのは、**改善点がわからなくなること**です。自分たちのやり方の何が問題で、どうすれば改善されるのかがわからないと、場当たり的な小言だらけの、混乱したチームになってしまいます。

チーム家事には4つのスタイルがある

これまで14年間の活動を通して、多くの家事シェアの悩み相談を受けてきました。家事をどのようにシェアするかはそれぞれの家庭によって違いますが、大きくまとめると4つのスタイルにまとめることができます。

①シュフ型
②担当型
③ハイブリッド型
④自律型

細かいところでは家庭それぞれのシェアのやり方がありますが、大きなスタイルとしてはこの4つのどれかに当てはめることができます。まずは自分たちがどのスタイルで家事育児を運用しているのか、左の診断でチェックしてみましょう！

これらの型に優劣はありません。一度決まったからと言ってずっとそのままで運用する必要もない。家族の状況に応じて変わっていったり、長い年月をかけて、この型に当てはまらない自分たちなりのスタイルが生まれればいいでしょう。

でも、いきなり自己流でやってうまくいく方法がわからないと悩むよりも、コツを知って真似してみると、改善点や自分たちはどのようなスタイルで運営するのがよいのかが見えてきます。

ここから、各スタイルの細かな運用方法をご紹介していきます。自分の当てはまった型だけじゃなく、他の型も知ることで向いている型や目指したい型を考えるヒントになります。

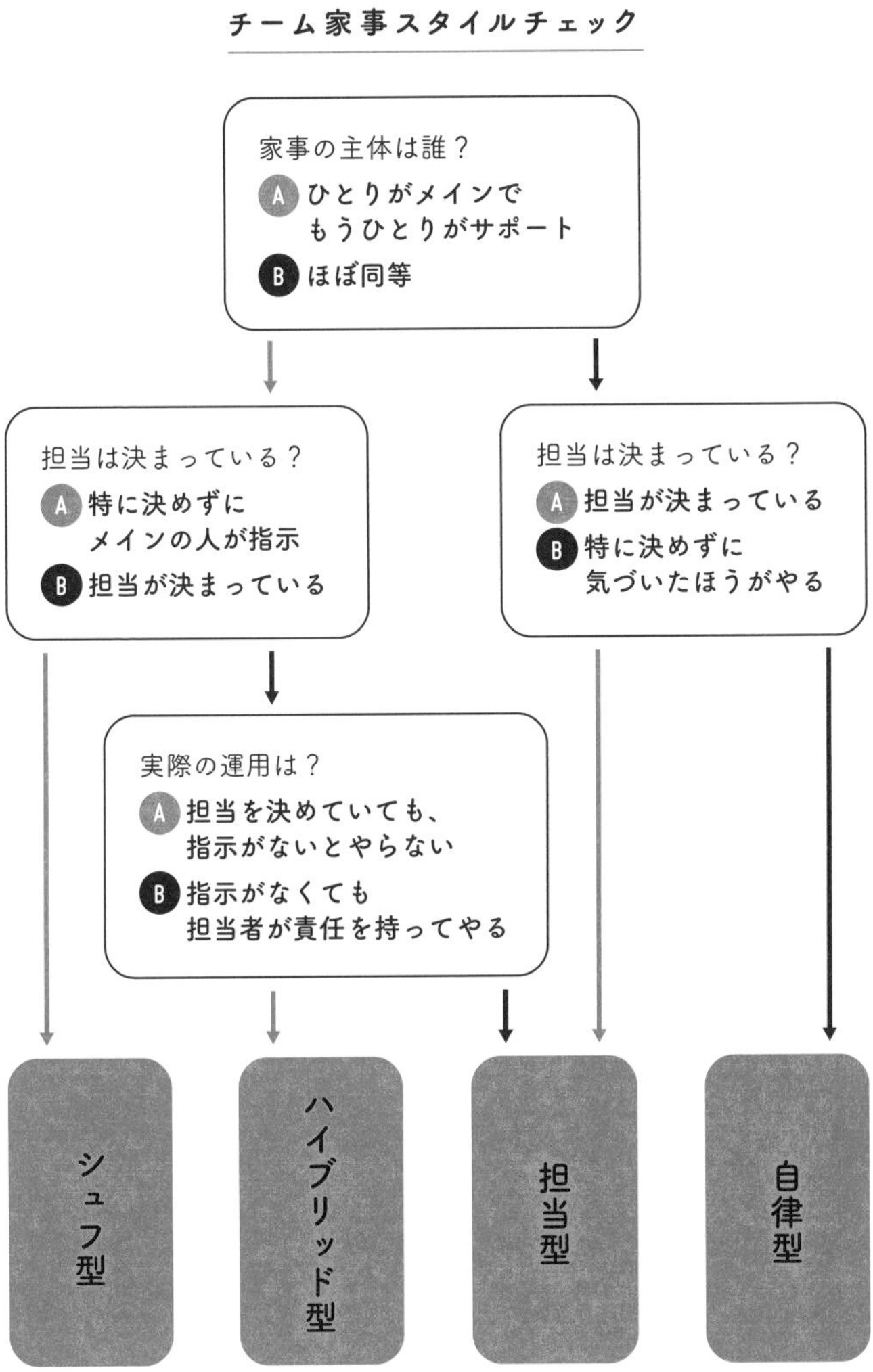
チーム家事スタイルチェック
家事の主体は誰？
A ひとりがメインで もうひとりがサポート
B ほぼ同等
担当は決まっている？
A 特に決めずに メインの人が指示
B 担当が決まっている
担当は決まっている？
A 担当が決まっている
B 特に決めずに 気づいたほうがやる
実際の運用は？
A 担当を決めていても、指示がないとやらない
B 指示がなくても 担当者が責任を持ってやる
シュフ型
ハイブリッド型
担当型
自律型

①シュフ型：指示を出して家庭を回す

シュフ型は、家庭の中に家事育児を中心的に担っているシュフ（主婦・主夫）的な役割の人がいて、その人が他の家族に指示（お願い）を出しながら運用しています。

そのため専業家庭や、夫婦での家事スキルに大きな差がある場合、また家事に対してのこだわりが強い人がいる場合になりやすいスタイルです。

シュフ型の注意点

家事シェアの話をすると「シュフ型はダメなスタイル」と思われがちですが、そんなことはありません。無理に担当を決めてイライラするより、自分から指示をするほうがやりやすいケースもあります。

また、暮らしへのこだわりがあり、それを実現したい場合もシュフ型で暮らしを主導したほうがお互い心地よいでしょう。

シュフ型

- 主に家事育児を担っている人が
  他の家族に指示を出しながら運用
- お互いにストレスがかからない指示が重要

シュフ型をうまく運用するコツ

スタイルの運用をスムーズに行うには、どのようなときに自分や家族がストレスを感じるかを把握しておくといいでしょう。

シュフ型は、**指示を出したり出されたりするときにお互いがストレスを感じる**ことが多くなります。たとえば、天気がいいある朝。掃除と洗濯をしてしまおうと準備をしている一方、夫はテレビを見ている。ここで「ヒマそうだから、洗濯お願いしようかな？　でも疲れてそうだし悪いかな？」と考えてしまって結局お願いできずに抱え込んでしまう。または、お願いしても嫌そうな顔や面倒くさそうな態度をされて、ストレスが溜まる。一方、お願いされた側も「今、急に言われても」と、たとえ口にせずとも、快く動く気持ちになれないことだってあります。

つまり、シュフ型は指示のストレスを解消することで、運用がスムーズになります。

シュフ型は「いつやるか」を約束する！

シュフ型は、担当型と違い「何をするか」を気にする必要はありません。それよりも「いつやるか」を約束することで指示のやり取りが楽になります。

朝ご飯のときに「このあと、掃除と洗濯をしようと思っているから、一緒によろしくね」と伝えておく。または「平日の朝は色々とお願いするから、そのつもりでいてね」とルーティンを決めておく。そうすると、頼むときに相手の様子をうかがって躊躇することがなくなり、スムーズにお願いができます。また、頼まれる側も「この時間は家事をお願いされる」とわかっているので「急に言われても困る」とはなりません。

もちろん、頼まれる側も「いや、その時間はちょっとやりたいことがあるから、午後からでもいい？」と交渉したっていいわけです。

シュフ型がうまくいかなくなると、ついつい「ゴミ捨てくらいなら頼んでも平気かな？」とか「子どもを公園に連れて行くのなら、快くやってくれるかな」と「何をやるか」を調整しようと考えがちですが、これはよくありません。どんどん頼めることが縮小していくし、「頼むのが面倒くさい」という悪循環にハマっていきます。

「何だったらやってくれるか」を考えるのではなく「いつ家事をするか」という時間を抑えるようにしましょう。

②担当型：個人の責任で家事をこなす

担当型は、「掃除はパパ担当で料理はママ担当」というように、**それぞれのタスクに担当者を決めている運用方法**です。「子どもの寝かしつけは日替わりで担当」「土日はパパが料理担当」のような交代制の場合も含まれます。共働き家庭や、家事の得意不得意で分担をしたい方などは、この担当型で行うことが多いです。

担当型の注意点

担当型で気をつけなくてはいけないのが、**「担当型もどき」**がよく見られることです。たとえば「ゴミ捨てはパパ担当」と決めたのに、ゴミの日を忘れたり、言われないと集めなかったり、ゴミ袋の管理ができていなかったりする場合があります。これは、担当型を装った「もどき」で、実際には「シュフ型」です。下手に「担当」としている分、シュフのイライラが高まるので要注意です。

担当型

- タスクごとに担当者を決めて
  責任を持って家事をこなす
- 「いつやるの？」は禁句

担当型をうまく運用するコツ

担当型と担当型もどきの分かれ道は、**担当者の自主性**です。自分が担当している家事に責任感を持って取り組むことができるか、「尻拭いは何だかんだパートナーがしてくれる」と甘えながら取り組むかで、担当型の満足度は天と地ほど違ってきます。

担当者の責任の範囲は、その家事タスクが滞りなく回っていくことです。洗濯担当になったら、洗濯機のボタンを押すことが仕事なわけではありません。子どもの衣類が足りているかどうか、色柄物を分けて洗うとしたらいつ洗うか、洗剤のストックはあるかどうかなど、洗濯全般を管理します。

自分がどうしても忙しくて洗濯物を回せないときは、家族に「代わりに洗濯しておいて」と依頼します。全部を自分がやらなくてはならないということではなく、状況を把握して滞りなく回していく責任があります。

担当者に「いつやるの?」と言ってはいけない!

自主性を持って担当タスクを回すのが担当型ですが、担当者の自主性を著しく失わせてしまう言葉があります。それが「いつやるの?」です。

食器洗いをパパが担当したとします。でも、食後になかなか洗い物をせず、そわそわしてしまってつい「ねえ、まだ洗わないの?」と言ってしまう……よくあることかと思いますが、このひと言が担当者の自主性を失わせていきます。

でも「言わないと洗わないから仕方がなく言うんだ」というのが本音でしょう。だから、担当を決めたら**いつまでにやるか締切を決める**ようにしましょう。

締切のタイミングは、「夜9時までには食器を洗う」「朝までに洗う」などいつでも構いません。時間じゃなく「洗濯かごがすりきり一杯になったら」などでもOK。担当者が自分で守れる締切を決めます。そのうえで、できていなければ「締切過ぎたよ」と言います。締切があいまいな状態で言われるのと、決まっている締切を過ぎてから言われるのでは、言われた人の受け取り方が全然違ってきます。

締切を決めないと、タイミングを決めている人が責任者のようになってしまい、「言われたらやればいいや」と自主性が失われてしまうので気をつけましょう。

また、中には何度約束しても守れない人もいます。その場合は、シュフ型に切り替えてどんどん指示を出しながらやったほうが、ストレスが少ないこともあります。

③ハイブリッド型：ベースはシュフ型、一部担当型

ハイブリッド型は、シュフ型をベースに、部分的に担当型を取り入れているパターンです。たとえば、基本的な家事はママがやっていて指示も出しながら、ゴミ捨てとお風呂掃除はパパが担当している、というようなスタイルです。

じつはわが家も現在はハイブリッド型。僕がシュフ的な役割をしながら、妻が洗濯物と食器洗いを担当していますす。掃除は休日の午前中にやることが多いのですが、そのタイミングで娘がトイレ掃除をやり、妻が排水溝の掃除をします。トイレ掃除や排水溝掃除は彼女たちの役割ですが、僕が掃除するタイミングを指示する、というシュフ型的マネジメント方法をとっているのです。

ハイブリッド型の注意点

シュフ型と担当型のいいとこ取りができれば気持ちよく回っていく型ですが、やはり「担当型もどき」になってしまうリスクもあります。

ハイブリッド型

- 基本はシュフが家事を回すが、
他の家族も担当タスクが決まっている
- パートナーの自主性が高くても現実問題
時間がない家庭におすすめ

担当タスクを決めても自主性を持って取り組んでくれない、うまく家事を手放せずにシュフの負担が大きくなりすぎてしまうなど、シュフ型と担当型双方のリスクを抱えてもいます。

ハイブリッド型をうまく運用するコツ

ハイブリッド型は中級者以上の型と言えます。シュフ型、担当型のよいところもリスクも合わせ持つので、両方試してみてからやってみるといいでしょう。

パートナーの家事への自主性が高くても現実問題として時間がないという方や、自分は家事のこだわりが強いが、手放せるところはできるだけ手放していきたいと思っている方などにはピッタリの型です。

うまく運用するには、全体的なマネジメントはシュフ型を参考に、担当を決めている部分については担当型を参考にしてください。

④自律型：気づいたほうが、気づいたときにやる

自律型は、それぞれが自分で考えて、必要な家事育児を行うスタイルです。自律型は目指して実現するというよりも、価値観の近い夫婦が自然とそうなっているケースのほうが多いです。一見理想的なスタイルではありますが、他のスタイルと比べて実現がとても難しいのが実状です。

価値観や生活に求めるものなどが近い夫婦、お互いに自然と気遣いができている夫婦、時間的制約が調整しやすい働き方の人たちが自律型になりやすいです。

自律型の注意点

「気がついたほうが、気がついたときにやる」と聞くととても理想的ですが、お互いが同じように気がつくとは限りません。結果「いつも自分ばかり気がついている」と偏りが生じがちでもあります。また、気がついたほうが負け（やらなくちゃならない）という**「家事育児チキンレース」**のような状態になることもあります。

自律型をうまく運用するコツ

自律型が破綻するのは、「気がつく人」の偏りが生じたときです。もしもママばかりが気がついてやっていて、パパはたまにしか気がつかないのであれば、自律型がうまく回っているとは言えないかもしれません。

また「気がつく」とひと言でいっても、どこが家事の発動ポイントになるかもそれぞれ違います。部屋の隅に髪の毛や埃が溜まっているのが目に入ったときに「掃除しなきゃ」と思う人もいれば、汚れ具合ではなく「週2回は掃除しなきゃ嫌」という人もいます。テーブルの上に物が載っていると「片付けなきゃ」と思う人もいれば、食事できるスペースがあればいい人だっているのです。

基本的に自律型で家事を運用する人たちは、この「気がつくポイント」が似ていて、だからこそ自律型で運用できるとも言えます。とはいえ、全部が全部同じというわけではないでしょう。

なので、自律型をうまく運用するには**「家事育児の発動ポイントのすり合わせ」**が大切です。たとえば、「自分ばかり片付けている気がする」と負担の偏りを感じたときには、自分がどんなときに「片付けなきゃ」と思うのかを言語化していきます。

自律型

- それぞれ自分で考えて、自分で動く
- 気づいたほうが負けの
「家事育児チキンレース」に注意！

- 寝る前にテーブルが散らかっているのは嫌
- 家を出る前には、散らかってない状態にしてから出かけたい
- 床の上の荷物は、邪魔なときに片付けるくらいでいい

これが、あなたが家事を発動するポイントです。そして相手よりもこの発動ポイントが早く訪れるから、自分の家事負担が多くなってしまうのです。

発動ポイントを言語化することができたら、それを相手に伝えてみましょう。きっと相手にも自分なりの発動ポイントがあるはずです。そこで、自分の発動ポイントを意識してもらうか、一緒に「こうなったら片付けをするようにしよう」と決めていきましょう。

自律型がうまくいかない場合は、自律型にこだわらない

自律型は、自分たちでは判断するのがとても難しいスタイルでもあります。なぜなら、良くも悪くも「なんとなく」で成立しているスタイルだから。そして、とても理想的にまぶしく見えるスタイルでもあるから。

さらに言うなら、自律型ができている人たちにしてみれば「普通に協力しあってるだけ」という感覚になりやすいし、自律型ができない人からすれば「どうやったらそうなるのか、さっぱりわからない」という側面もあります。

もし自律型で運用していても、「負担が偏っているかも……」と不満が生まれるようなら、無理やり自律型を継続させようとしないほうがいいでしょう。

自律とは「自分で考えて主体的に行動すること」なので、相手からの要求が増えるほど自律とは言えなくなってしまいます。その結果、自律型のふりをしたシュフ型になっていたり、自律型に見えて実際は担当が決まっているだけだったりもします。

そうなってしまった場合、自律型に戻すよりも、一旦シュフ型や担当型で運用し直してみることでスムーズにいくことがあります。もともと自律型でできるほど価値観や家事育児スキルのギャップが少ないご夫婦ですから、一度他のスタイルを挟んでみることで、自分たちなりのちょうどよいやり方を見つけていけるでしょう。

スタイルを決めると、改善しやすくなる！

家事のことで夫婦がモメてしまうのは、改善点がわからないからです。「帰りが遅いからうまくいかないんだ」「やる気が足りないからうまくいかないんだ」「もっと気を遣えるようになってよ」といくら話し合っても、時間もやる気も気遣いもさほど増えないものです。

お互いの言い分があるし、フィードバックが抽象的になりすぎて、何をすればいいのかわからないということもあります。そして、枝葉の「ごみ捨てはパパがやる」「洗濯物はちゃんと洗濯かごに入れる」という話に終始してしまうのです。

枝葉が大事じゃないということではなく、**根本を改善しなければ、ただ小言のようなルールが増えるだけ**になってしまいます。そうではなく、まずは自分たちに合った運用スタイルを見つけることが大事です。

この運用スタイルが必ずしもすべての家族にぴったりはまるとは限りません。しかし、もしも「わが家のチーム家事スタイルを0から決めたい」と思うなら、まずは試してみましょう。

診断で出たスタイルで1～2週間ほど運用してみて、それで「違うな」と思えば、他のスタイルに変えてみてください。

いきなり自分たちでカスタマイズしたスタイルで運用すると、うまくいかなかったときに何がうまくいかなかったのか、よくわからなくなります。

スタイルを決めて試していくことで改善点がわかり、しばらく試していくと自分たちに合ったやり方が見えてきます。「これならうまく家事育児を回せている」と思えるようになれば、それがチーム家事です。

チーム家事の前に待ち受ける4つの溝

自分たちのチーム家事スタイルが見えてきたところで、ここからはチーム家事を進めていく上で乗り越えていかなくてはならない、4つの深い溝を紹介します。

僕はこれまで多くのご家族と話をしてきましたが、現状を変えようと家事シェアにチャレンジしても、多くの場合、次の4つの課題にぶつかります。

- 第1の溝：「家族観の違い」の溝
- 第2の溝：「情報とスキルの夫婦格差」の溝
- 第3の溝：「時間の優先順位」の溝
- 第4の溝：「夫婦の対話」の溝

それぞれがどのような溝なのか、簡単に説明していきます。

第1の溝：夫婦で違う「家族観の違い」の溝

夫婦やカップルが生活を共にするうえで、最初に大きなすれ違いを生んでしまうのが**「家族観の違いによる溝」**です。

簡単に言うと、それぞれの信じる「家族とはこうあるべき」という価値観が違うこと。問題なのは「違うこと」ではありません。**「違うという前提を理解できない、受け入れられない、納得できない」**ことが、ふたりを隔てているのです。

「そんなことはない。夫婦で価値観が違うなんてわかっているし、それを受け入れた状態でなんとかやっている」という方もいるでしょう。でも、違いを受け入れることは、無意識で拒絶反応が出てしまう場合もあります。

たとえば「家族なんだから、夕飯はみんなでそろって食べるべき」というのは家族として当たり前の価値観でしょうか？　「うちの両親は共働きだったから、夕飯は準備してある物をレンチンして食べるのが普通だった」という人もいます。
プラモデルを数百個もコレクションしている夫を理解できない妻の話や、手作りやオーガニックな料理にハマっている妻の「ファストフードなんて絶対に食べさせたくない」というこだわりに困っている夫の話なども、程度の差はあれどよく聞きます。

この価値観の違いをそのままにして先に進もうとすると、「理解できない」という感覚はどんどん広がっていって、「相手は自分のことを理解してくれていない」と不和を生み、協力できることもできなくなります。

では、その違いに対してできることはなんでしょうか。会社のチームを例にとるとまったく同じ価値観の人ばかりなんてことはまずありません。しかし、自分の価値観を消して相手を受け入れているわけでも、相手をねじ伏せて自分の価値観を押し付けているわけでもないでしょう。

それでもチームとして成り立っているのにはわけがあります。
それは、**共通のビジョン**を持っているかどうかです。

お互いの価値観が違うなら、違うままでいい。でも、家族として「どうありたいか」という目指すべき場所に一緒に向かっていく必要があるのです。大切なのは、違いを正すのではなく、共通のビジョンを持ち、それを共に目指すことです。

第1章では、この家族観の溝の乗り越え方と、共通のビジョンのつくり方について、ワークをふまえながらお伝えしていきます。

第2の溝：「情報とスキルの夫婦格差」の溝

第2の溝は家事育児スキルやそれぞれが持っている情報量の差です。

ここで「家事育児スキル」と「情報」をひとくくりにしているのには理由があります。それは「家事育児スキルもまた情報」だということです。僕たちは家事育児のプロフェッショナルを目指すわけではありません。すばやく同じ幅に千切りできる必要もなければ、子どもを飽きさせない遊びを100個知っている必要もないのです。

日常的に必要な家事育児は、ほとんどが**「慣れ」と「情報を知っているかどうか」**です。

「慣れ」とは抵抗感と言い換えられます。これに関しては、回数をこなす以外ありません。スキルがあまり向上しなかったとしても、慣れていけば「できない」ということはなくなるでしょう。

「情報」とは、お互いの予定、連絡事項、家事や育児のやり方や子どもの様子など、夫婦で共有しておきたい情報のこと。ここではその様々な情報を「スケジュール化」「共有化」「ノウハウ化」することで、情報格差の壁を乗り越えていきます。

夫婦の情報格差が生み出す、「知らないからやらない、できない」「わかるほうが自然とやってしまっている」という不公平感を、しっかりなくしていきましょう。

第3の溝：「時間の優先順位」の溝

次は時間の優先順位の溝です。今となっては「男性も家事育児をやるのが当たり前」という価値観が浸透してきましたが、男性の家事時間が伸びてきたかと言えば、残念ながらそうでもありません。

夫の家事時間の伸びは2008年から2022年の14年で、平日16分増・休日で21

分増（第7回全国家庭動向調査　国立社会保障・人口問題研究所）と、わずかな増加でしかないのです。感覚としては、もっと増えている気がするのですが、もしかしたら「やる人」と「やらない人」で大きく二分しているのかもしれません。

この状況をざっくり一言でまとめてしまえば**「やる気はあるけど、実情はあまり変わってない状態」**です。

その原因としてよく言われるのが「時間のなさ」です。仕事が忙しくて家事育児をする時間がない。夫婦で一緒に時短勤務なんてしたら、家計が回らなくなる。このように、家事育児と仕事の両立において、時間の問題は欠かせません。どうすれば忙しい毎日でも、お互いに上手に助け合うことができるのでしょうか。

時間は誰しも等しく24時間です。気合で25時間にすることもできませんし、睡眠時間を削って時間を生み出すのもつらすぎます。

第3章では、そうした「時間がない」という現実から生まれる不公平な時間の優先順位の溝を乗り越える方法をお伝えします。

第4の溝：「夫婦の対話」の溝

家事をチーム化する上で、夫婦での対話は欠かせません。ただ、その対話こそが難しいこともあるでしょう。よかれと思った言葉が違う解釈をされてしまったり、大切なことを話し合いたいのにぶつかり合ってしまったり、そもそも対話の場自体をつくることができないこともあります。

こうした課題を一気にすべて解消するのは難しいかもしれませんが、健全な夫婦対話をするためのコツはいくつもあります。大事なのは「相手を変えようとしないこと」です。**変えるのは、相手ではなく「環境」と「自分の考え方」**です。何かを変えたいときに、自分ではなく相手を変えようとしてしまうのが人のサガ。しかし夫婦であっても、いや、むしろ夫婦だからこそ、相手を変えるのは難しいのです。

コミュニケーションについて話すとき、僕はいつも「北風と太陽」の話を思い出します。相手を変えようと「ああして、こうして！」と言い続けるのは、まるで北風のようなアプローチです。でも、太陽的アプローチができるように自分を変えて、その結果相手の環境が変わることでコミュニケーションは変わっていくものです。この太陽的アプローチこそが、夫婦の対話の溝に橋を架けるためのヒントになるはずです。

夫婦の間にある4つの溝に、架け橋を架けよう

ここまで読んでいただいて、聞いたことのある家事分担の方法論とはずいぶん毛色が違うことに気がつかれたと思います。ここでお伝えするのは、夫をおだててコントロールする方法でも、簡単にできる家事テクニックでもありません。家事シェアを通じて、夫婦、家族という関係性を築いていくのです。

一つひとつの溝に架け橋を架けるごとに、お互いを助け合う力の高まりを感じることができます。

勇気をもって、自分たちらしいチーム家事をつくり上げていきましょう！

Chapter

1

第1の溝「家族観の違い」を取っ払う

「育った家庭の家族像」をアンラーンする

さあ、いよいよ夫婦がよりお互いを助け合えるチームになるための一歩を踏み出していきます。

最初にわたしたち夫婦の間に横たわっている溝。それが「家族観の違い」です。言い換えるなら**「育った家庭が違うんだから、お互いの〝当たり前〟も違う」**ということです。

多くの人は、自分が生まれ育った家庭しか知りません。たった一例の価値観ややり方しか知らず、それを基準に新たな家庭を築いていかねばならないのです。

家庭環境はそれぞれですから、踏襲したい人もいれば、反面教師にしたい人もいるでしょう。

そして、自分がどんな価値観を持っているにせよ、パートナーにも自分には思いもよらないような、まったく違うバックグラウンドがあるということを忘れてはいけません。

自分が思い描いた理想の家族像を、自分ひとりで勝手につくっていくのなら、どうにかやりようもあるでしょう。でも、現実はそう簡単にいきません。

お互いの理想の家族像がバッチリ噛み合ってうまく進んでいく夫婦もいれば、どうしても噛み合わないために衝突が起こるケースもあります。

ここでもっとも意識しておきたいのは**「自分が思っている家族の当たり前は、当たり前じゃない」**ということ。

その上で、まず結論を言うと、

「わが家の当たり前は、1から一緒につくっていく」ことです。

自分が育った家庭環境が参考になることもあるでしょう。もちろんパートナーの家族観だって大事。自分のまわりや、見聞きした情報から「こうありたいよね」という理想の姿だってそれぞれあるかもしれません。家庭は、結婚さえすれば自然発生的に築かれていくわけではないのです。

この家庭ビルディングの中で、チーム家事はごく一部の役割に過ぎないかもしれません。ただ、家族の生活を何十年と支える土台であることは間違いありません。

では、新しい「家族像」をどうやってつくっていけばいいのでしょうか。

家族像を「わたしたち向け」にカスタマイズする

「家族像」をアンラーンする。それがこの章のメインテーマです。

アンラーンとは、学びほぐしと訳され、これまで身につけた思い込みや価値観を取り除き、新たな知識や価値観を取り入れやすくすることです。自分の価値観を変えていくことは時間もかかりますし、目に見えて変化がわかるものでもありません。だから、焦らずゆっくりいきましょう。

「家族観の違いの溝」を埋めるための手順は、次の3ステップです。

①知る：自分やパートナーの持っている家族像、社会の様々な家族像を知る
②違いを受け入れる：お互いの家族観や習慣の違いをむやみに否定しない
③「わたしたちの文化」をつくる：共通のビジョンを持つ

相手を自分の常識に合わせて変えていくのは、非常に難しいことです。かといって、自分が相手の価値観にすべてを合わせるのも無理なことでしょう。だから、片方に合わせるのではなく「わたしたち家族の常識」を新たにカスタマイズしていきます。

家族観をつくっていく前に、少しだけ時代の変化についてお話しします。

今、時代はかつてないほどのスピードで変化しています。それにともなって、**「家庭像の価値観」も僕たちの親世代とはまったく違うものになっています。**

たとえば、かつて頑なに信じられていた「3歳児神話」（子どもが3歳になるまでは母親が子育てに専念すべきという考え方）は合理的な根拠がないというのが現代の定説。3

歳までの育児がとても大事なことは認めつつ、それを担うのが母親でなくてはならない理由はべつにありません。当然、父親だって構わないわけです。

他にも、「男たるもの、しっかり稼いで家族を養うべし」というのも、もはや昭和のマッチョ思考だと思いませんか？　これは「大黒柱プレッシャー」と言われ、男性の生きづらさの原因のひとつとされています。

「男性が育休を取って何するの？」と言われていた時代は終わりました。令和3年6月には育児介護休業法の改正が行われ、企業は男女問わず育休の周知をしなくてはならなくなり、男性も産休期間（子の生後8週間に取得する休業）の休業取得が充実するなど、男性も育児を担えるようになろう、と社会の価値観は変わってきています。

こうした価値観の変化の背景には、社会の変化があります。僕が産まれた1980年は、専業家庭世帯が圧倒的多数（※専業世帯1114万世帯：共働き世帯614万世帯）。まさに「男性は外で仕事、女性は家で家事育児」という役割分担を前提にした社会だったと言えます。

今やこの世帯数は逆転し、令和元年の共働き世帯は1245万世帯、専業世帯は

582万世帯です。にもかかわらず、まだまだ無意識のうちに女性は「良妻賢母」が、男性は「大黒柱」と、性別役割を当てはめているかもしれません。

もう一度言います。**「家庭像の価値観」は僕たちの親世代と僕たちの世代で、置かれている環境がまったく違っているのです。**

自分が育った家庭像は、その当時の価値観でつくられたものです。自分が「当たり前」と思っていることが、これからの自分たちにとって本当に「当たり前」でいいのか。

まずは、自分の中にある「家庭像のバイアス」に意識を向けてみることがとても大切です。

1「家族観の振り返りワーク」で自分の家族像を知る

家族観の違いの溝を埋めるためにまず大事なのは、①の「知ること」。

ここで、簡単なワークを行います。普段はあまり意識することがない、自分の家族像についてあらためて振り返ってみましょう。

【家族観の振り返りワーク】

- 意見：家庭生活で大切にしていることは？
- 経験：それはなぜ、どんな経験から？
- 感情：それをするとどんな気持ちになる？
- 価値観：あなたにとってそれはどんな価値がある？

このワークは昭和女子大学キャリアカレッジの学院長で一般社団法人21世紀学び研究所の代表理事でもある熊平美香氏が提唱されている「認知の4点セット」のフレームワーク（『リフレクション　自分とチームの成長を加速させる内省の技術』ディスカヴァー刊）を参考につくっています。

人が「意見」を持つときには、必ずその背景にその人なりの「経験」を通じて知ったことがある。その経験にともなう「感情」が記憶に結びつき、その先に自分自身の「価値観」がある。このように切り分けて内省すると、自分を俯瞰して理解でき、それが他人との相互理解においても力を発揮します。

これが自分の家族観を振り返るのにものすごく役立ちます。自分が何となく「大切だ」と思っていることを、「経験」「感情」「価値観」という切り口で掘り下げていくと、自分の中の「当たり前」にあらためて気がつきます。

とはいえ、「家庭生活で大切にしていること」と言われてもすぐには思い浮かばない人もいるかもしれません。いくつか例を用意しますので、参考にしてみてください。

- 家族そろって朝食（夕食）を食べる時間は大切だ
- 自分が家族のために働き続けることは大切だ
- 自分が子どもと関わることは大切だ
- 自分が家にいる時間が多いことは大切だ
- 休日に家族そろって出かけることは大切だ
- 子どもが受験をすることは大切だ

どんなことでも構いません。大切だと思っていること、または大切じゃないと思っていることでも、自分の中の「当たり前」を掘り下げてみましょう。意外とこだわるほどのことでもなかったと気づいたり、大切さを再認識したりできます。

このワークをパートナーと見せ合うのもおすすめです。同じように大切に思っていることもあれば、お互いに意見が違うこともあるでしょう。違うことが悪いのではありません。まずは、その違いに気がつくことが大切なのです。

では、実際に僕が相談を受けたご夫婦の、自分の価値観を見つめ直し小さなアンラーンをした事例を紹介します。

「おかえり」を言うのはママの役割？

「子どもが家に帰ったとき、ちゃんとお母さんが『おかえり』って迎えてあげる。子どもはそういう母親に安心すると思うんですよね。僕は子どもの頃、いわゆる鍵っ子で。誰もいない家にひとりで帰るのは、さみしかったんですよ」

稔さん（仮名・30代）は「理想の家庭像」をそう答えました。

でも、妻の亜紀さん（仮名・30代）にはそれがプレッシャーでしかないようです。

「学童を終えて子どもが家に帰ってくるのは、だいたい17時過ぎです。夫は『時短にすればいい』とか『無理に仕事しなくてもいいんじゃないか』って言うんですけど」

亜紀さんにしてみても、子どもを迎えてあげたい気持ちはあるのですが、どうしても帰りは18時を回ってしまう。亜紀さんは稔さんの「理想の家庭像」にプレッシャーと違和感を抱きながらも、どこかで「本当はそれがいいんじゃないか」という小さな罪悪感を抱いていました。

ご夫婦は子どもを母親が「おかえり」と必ず迎えてあげたほうがいいかどうかで、すれ違っていたのです。

稔さんの意見は「ママが子どもを迎えてあげるべき」。経験は「子どもの頃、鍵っ子だった」。感情は「さみしかった」。価値観は「家に帰って母親がいる暮らしを子どもにさせてあげたい」です。

亜紀さんの意見は「子どもを迎えてあげるのは毎日じゃなくてもいいんじゃないか」。経験は「仕事で早く帰れないこともある」。感情は「(子どもに)申し訳ない」。価値観は「迎えるのはパパでもいいし、そこは夫婦で協力しあえばいい」です。

こうしたことについて話し合いを重ねていくうちに、稔さんは自分が感じていたさみしさを子どもに感じさせたくないと思いながら、その責任を妻だけに押し付けようとしていたことに気づきました。子どもが「さみしい」と言ったわけでもないことにも。だったら、夫婦でお互いに調整し合いながらなるべく子どもを迎えてあげられるようにすればいいと思うようになったそうです。

ご飯は「炊きたて」「手作り」が当たり前？

次は食事に関するこんな価値観を持っているご夫婦を2組ご紹介します。

50代の恵子さん（仮名）は、毎日の食事についての夫の理想像に面倒臭さを感じていました。

「夫は、ご飯は『炊きたて』じゃなきゃ食べません。レンジであたためた冷や飯はおいしくないらしくて。子どもの頃から、それが当たり前だったって言うんですよね」

ただ、そうなると夫の帰宅時間に合わせて炊飯しなくてはなりません。帰る時間がいつも同じならまだしも、残業があって帰る時間が日によって変わることもあります。

結婚以来、この夫の「炊きたてご飯」に翻弄され続けていることに、疲れ切っている様子でした。


また、理想の食事像を持っているのは男性だけではありません。

知子さん（40代）は、手作りにこだわるために専業主婦を選んだとのこと。

「子どもには、できるだけ『手作り』の物を食べさせてあげたいです。わが家ではレトルトやファストフードはありえないです」

食べ物だけではありません。家具や雑貨などのDIYから、子どもの衣類まで、とにかく手作りするのが好きだと言います。ただ夫は、あまり興味がなさそう。それよりは「アルバイトでもいいから働いてほしい」と言うようです。

でも知子さんはしれっと言います。「あ、べつに夫のためじゃないからいいんです。でも、子どもにはちゃんとしてあげたいんです」と。

どちらの場合も、強い理想の家庭像を持っています。子どもの頃から当たり前だった「炊きたてのご飯」が食卓に並ぶのが、なぜそんなに難しいことなのかが夫はよくわからない。子どもにどうしても手作りのご飯を食べさせてあげたい、と。

ただ、それが夫婦間でのモメごとになっているのも事実です。

モラハラやDVは論外ですが、それぞれが自分なりの理想像を持っていて、自分なりに家族のことを考えた結果、モメてしまう。だからこそ、夫婦の価値観の違いはやっかいなのです。

2 違いを受け入れる

多かれ少なかれ、誰しも「理想的な家族像」を抱いているものです。ただ、それを意識しながら、自分たちなりの家族像を築いていくのか、それともまったく無意識のまま自分の理想像に家族を引き寄せようとするのかでは、家族の歩む道は全然違うものになっていきます。

「すべての結婚は異文化間結婚である」とは、野末武義氏の『夫婦・カップルのためのアサーション』（金子書房刊）という名著の中の一節。

たとえば国際結婚をした場合、相手との文化的違いを「違い」として認識すると思います。「違うものだ」と思えるから、違いを受け入れ話し合える。ところが、日本人同士となるとなぜか相手の違いを理解できなかったり、受け入れられなかったり、話し合う価値を感じられなかったりしてしまいます。

「同じはずだ」という思い込みを捨てて「違う価値観を持っている者同士」という前提に立ってコミュニケーションをすることが、家庭をつくるうえで重要です。夫婦だからわかり合えなきゃおかしい、と思うから苛立ちや苦しさを感じるのです。

自分たちの家族観をつくるための2つ目のポイントは、「違いを受け入れること」です。違いを受け入れると言われると、違う意見も全部飲み込んで言いなりになるようなイメージを持つかもしれませんが、そうではありません。それは、**むやみに相手を否定しない**ことです。

「なぜ、その考え方をするのか」を知ろうとする意識が、相手と意見が違ってしまったときでも、相手との距離を近づけてくれます。そういう意味では1つ目の「知ることと」と2つ目の「違いを受け入れること」はつながっていると言えます。

パートナーの言葉の本意をしっかりと知ろうとする態度は、コミュニケーションが雑になりがちな家族だからこそ大切にしたいことです。

3「わが家の文化」をつくる

家族観の溝を埋めるために具体的に何をするか、それが3つ目の「わが家の文化」をつくることです。

自分が育ってきた環境から得た家族像も、社会の変化による新しい価値観も、パートナーの中にある家族像も、そして自分が理想とする家庭の在り方も、すべてが「**わたしたちの家庭をつくるための材料**」でしかありません。

ここまで話してきた3つのステップのうち、「①知る」は材料を集めること、「②違いを受け入れる」は夫婦が持っている材料はそれぞれ違うと認めた上で、それをテーブルに並べることです。そして、ここからはそれらの材料を使って「わたしたちの文化」をつくるのです。

文化はいくつかのルールからできています。

- 家族の約束ごと：ルール
- 常識：言語化はしてないけど暗黙のルール
- 習慣：毎日の生活の中で決まってきた、わが家のパターン

こうしたものが混じり合って「わが家の文化」になっていきます。

これまで多くのご家庭の話を聞いてきた中で、ひとつはっきりしていることがあります。それは、わが家の文化（ルール、常識、習慣）を話し合いながら意識的につくっている夫婦は、リスクに強いということ。一方、話し合うことなく、雰囲気で決めてしまっている夫婦は、リスクに強いか弱いかが、運任せになってしまっています。

ここで言うリスクとは、転職や引っ越し、家の購入、子どもの受験など、暮らしに変化が訪れたときの対応力です。暮らしに変化があるときは、家事育児のやり方や関

わり方も柔軟に変えていく必要が出てきます。そうしたときに、話し合いで決めたルールは話し合いで変更ができる。ですが、何となく空気や状況で決まってしまっているルールは、また雰囲気で決まっていくことが多い。だから、それがたまたまいい感じになるのか、フラストレーションを抱え込むことになるのかは運次第ということになります。

もちろん話し合いで文化をつくっているからといって、リスクがないわけでも、モメないわけでも、万事好調なわけでもありません。でも、リスクに対してしなやかに対応できる強さを持っています。ワンオペが続いてつらいときに、パートナーがそれを理解し、一緒に対策を考えていけるのか。知らぬ存ぜぬで放置するのかでは、当然その後の関係は変わってきます。

なので、本書では**「わが家の文化」を自分たちで話し合いながらつくっていく**ことをおすすめします。

でも、何から考えたり話し合ったりしていけばいいのでしょうか。

夫婦ビジョンは、どんな力があるの？

こまかなルールや習慣をつくるのは後で構いません。まずつくらなくてはならないのが**「夫婦ビジョン」**です。

夫婦ビジョンとは、**意見や家事育児の方針がすれ違ったとき、それを建設的に解決するための夫婦共通の軸**のことです。

よほどの理由がないかぎり、夫婦は家族のために「よかれ」と思って行動を起こすでしょう。でもそれが食い違ってしまうことで、すれ違いが起こるのです。よくあるのが、子どもが産まれたあとの生活について。子どもや家族のためを思って、「もっと稼がなくちゃ、これから色々とお金が必要になるから！」と残業などもがんばるようになるパパ。一方で子どもが産まれた生活が不安で大変で「もっと夫には家にいる時間を増やしてほしい」と思うママ。最近は逆の話も聞くようになりました。もっと家にいたいと思うパパに対して、どんどん稼いできてほしいママ、なんて具合に。

いずれの場合も、お互いが考えているのは「家族のため」です。なので「家族のために」という話だけをどれだけしても、話が噛み合わないことはよく起こります。それぞれの見ている「家族のために必要なもの」が違うのです。

こうした課題は、家族に限らずあらゆるコミュニティで起こっています。会社や団体など人数の多い組織になるほど、意見の対立も複雑化していきます。そうした**個人の「よかれ」をひとつに束ねていくのが「ビジョン」**です。

ビジョンとは未来像です。そしてその未来像を実現させるためにやるべきこと、それがミッションです。

ビジョンは「ビジョン達成のために、どうする?」というミッションにつながり、日々の決断はミッションに紐づいて意思決定されます。日々の決断が夫婦で違ってしまったときも、ビジョンやミッションに基づいて、なぜその決断をしたのか振り返りやすくなります。

とはいえ、少し抽象的な話になってしまったので、わが家がどのようなビジョンを描いて子育て期を乗り越えているか、事例を紹介します。

娘が産まれてひと月後のこと。僕は小さくて可愛い娘に心からムカついてしまった日がありました。当時すでにＮＰＯ法人tadaima!の活動をしていた僕は、頭でっかちに育児の知識だけは勉強しており、「こうすれば大丈夫」というノウハウをいっぱい持っていました。

その頃よく聞いていたのが、「ママが子どもの夜泣き対応で夜中に何度も起きるのに、全然気がつかずに横で寝てるパパの姿に殺意が芽生えた」という話。僕は同じ轍を踏むようなことはするまいと、娘が夜泣きをするたびに起きていました。しかし、泣き止ませるために妻が授乳していても、僕はとくにやることがありません。真っ暗な寝室の中、眠気と戦いながら何となく妻の背中を擦っていました。一方、僕がミルクをあげるときは、妻には体力回復のために眠ってもらっていました。

その結果、まとまって眠る時間がほとんどとれず、僕の体力と精神力はどんどん削られていったのです。

そしてある夜。相変わらずの夜泣きをした娘にミルクをあげ、抱っこもして、子守唄なんかも歌ったりしながら1時間ほどが経過。それでも全然眠る気配のない娘に対して、とんでもなく腹が立ったのです。疲れと、いつまでも寝てくれない嫌気から、まだ泣いている娘をベビーベッドに寝かせると、そのまま気絶するように眠ってしまいました。翌朝。泣いたままの娘を放置して眠ってしまったことへの罪悪感に苛まれ（今思えば、そのくらいあるよ、と思うのですが）このままじゃまずいと気づきました。

その後の妻との話し合いで、腹が立った原因は夜泣きをする娘ではなく**「明らかに心身の余裕がなくなっている自分たち夫婦」だよね、と話しました。**僕たちの心身が疲れ切ってしまったら、子どもに何かあったとき適切な判断をしてあげられないかもしれない。親が健康でいられないことこそが子どもにとって一番のリスクなので、子どもが安心安全に育つために、**「親が心身ともに健康な状態で子育てできること」**を最優先にすることにしました。

そのために必要なのは、

- 僕たちがそれぞれちゃんと睡眠をとる
- 体調不良のときに無理をせず全力で休んで最速で回復する

- 寝かしつけの時間は厳守して規則正しく生活する（子どもの睡眠リズムを整える意図も）
- 寝かしつけは夫婦交代制にして、お互いに長時間眠れる時間を確保し合う

これらをちゃんと守っていこう、と話し合いました。

この軸があるから、妻が夜中に授乳で起きていても、眠ることに集中できるようになりました。帰宅が遅くなった日は手作りのご飯をつくるよりも「お惣菜で簡単に済ませちゃおうか」と言い合えたり、相手の体調が悪そうなときは家事育児を代わってすぐに休んでもらったりするなど、抵抗なく助け合えるようになったのです。

「僕たち親が心身ともに健康に育児ができる状態」というビジョン、それを実現するための「しっかり睡眠をとれるようにする」「寝かしつけの時間厳守」といったいくつかのミッション。これがあるからこそ、日々の小さな判断をするときに迷わず、すれ違うこともなく、ベストを探ることができるようになったのです。

夫婦ビジョンのピラミッド

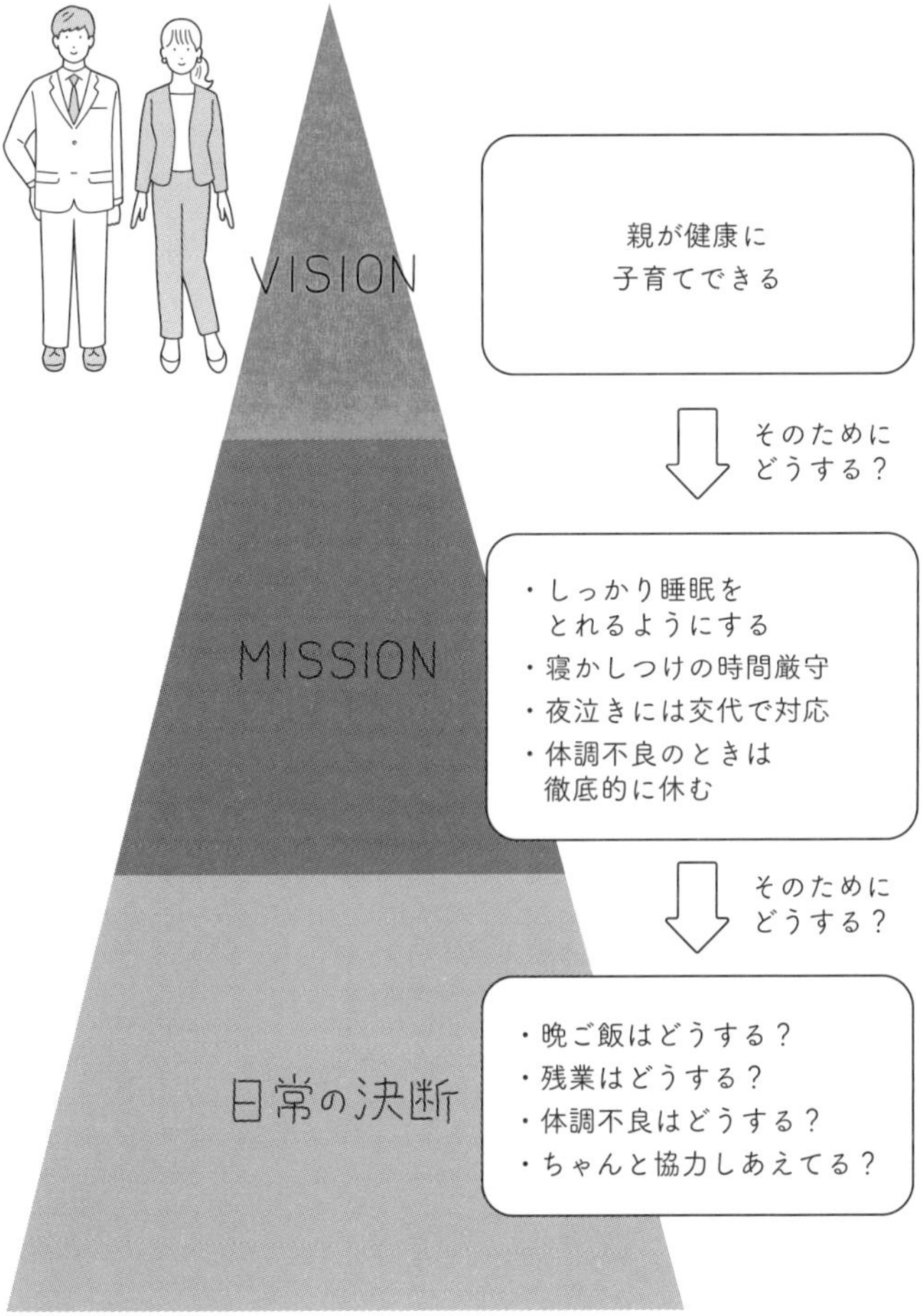
VISION
親が健康に
子育てできる
そのために
どうする？
MISSION
・しっかり睡眠を
とれるようにする
・寝かしつけの時間厳守
・夜泣きには交代で対応
・体調不良のときは
徹底的に休む
そのために
どうする？
日常の決断
・晩ご飯はどうする？
・残業はどうする？
・体調不良はどうする？
・ちゃんと協力しあえてる？

夫婦ビジョンをつくる方法

夫婦ビジョンについて、具体的にイメージしてもらえたでしょうか。

では、いよいよ夫婦ビジョンをつくっていきましょう。

「もう自分たちで考えられるよ」という方はぜひそのままビジョンを言語化してみてください。言語化するうえでのポイントもいくつかあります。それはこのあとにご紹介しているので、そちらを見ながら考えてみましょう。

「話し合うなんてハードルが高いな……」という方も、大丈夫です。まず自分だけでやってみて、傾向をつかんでいきましょう。

キーワードがわかる、うちワクUP診断

とはいえ「ちょっとまだふわっとしてて難しいかも」と思う人も多いと思います。ですので、ここで夫婦ビジョンづくりに役立つ診断をやってみましょう。

自分たち夫婦の関係は、客観的に捉えるのが難しいものです。そこで、自分とパートナーの関係を知るための診断をつくりました。それが**「うちワクUP診断」**です。

この診断は、もともと花王株式会社と、和歌山県和歌山市と協同で行った「おうちワクワクUPプロジェクト」のために作成したものです。

この診断では、とくに家庭生活における夫婦関係について、30の質問に答えていきます。その結果、次の5つのキーワードから自分たちに合ったものがわかります。

- 応援
- 信頼
- 共有

・対話
・関心

これらのキーワードに書かれたメッセージが、ふたりのパートナーシップをより心地よいものにしてくれます。さらに、夫婦それぞれが得たキーワードを組み合わせると、より詳細なメッセージを受け取ることもできます。

この診断で得られるアドバイスは、まさに今のふたりにとって大切なキーワードです。夫婦ビジョンにそのまま反映できるわけではありませんが、今の自分たちにとって大切なことがわかって、ビジョンを考える参考になるはずです。

ぜひ、下の2次元コードから、やってみてください。

ビジョンとは、ありたい姿、未来像です。なかなか思い浮かばない場合は診断の結果を当てはめながら、「お互いの人

うちワクUP診断

生を応援しあう」とか「色々なことを対話しながら決めていける家族になる」などとしてみてもいいでしょう。

こうしたビジョンは、今現在何らかの課題を抱えている人のほうが思い浮かびやすいようです。実際に感じている課題があるなら、解決された未来がビジョンになるからです。先にあげた三木家の「親の健康」もまさに課題を感じていたからこそ生まれたビジョンです。

とくに切羽詰まった課題がない方は、ふたりがより素敵な関係になるために大切にしていきたいことを話し合ってみるといいでしょう。それは、とても明るく楽しい話し合いになるはずです。

夫婦ビジョンをつくるポイント

それでは、いよいよ夫婦ビジョンを書き出していきます。しかし、せっかく考えたビジョンがただのスローガンで終わってしまっては、もったいないですよね。行動が変わるビジョンをつくるためには、大切な3つのポイントがあります。

策定ポイント1　具体性があること

ビジョンは抽象的になりがちです。たとえば「家族のために行動する」だと、何が「家族のため」かわからません。同じように「子どものため」も「家族みんなが幸せであるように」も抽象的です。「お互いのキャリアを大切にする」「子どもと一緒に過ごす時間を最優先にする」など、具体的にイメージが湧くものがいいでしょう。抽象的になってしまうな、と思ったら「それってつまりどういうこと？」と問いかけてみると、具体性を上げることができます。

策定ポイント2　フィードバックが得られること

ビジョンを決めても、それが実現されているかどうかがわからなければ微妙です。ひとつめの「具体的であること」にもつながりますが、抽象度が高いほど達成されたかがわからず、何を改善したらいいかもわかりません。達成が難しいか簡単かは関係ありません。「家族が健康な状態で育児ができる」というビジョンなら、達成できているかすぐにわかります。心身の調子がよければそれでいいし、悪くなってきたら「睡眠不足かな？　忙しすぎかな？」と、何を見直せばいいかすぐにわかります。

策定ポイント3　ミッションにつながっていくこと

ビジョンの実現のために何をしたらいいか、それがとても大切です。何をしたら実現できるのかわからないビジョンは、立ててもあまり意味がありません。ビジョンはミッションを紡ぎ出すために必要なこととも言えます。「お互いのキャリアを大切にする」というビジョンなら、そのために「子どもを早めに保育園に預ける」「パートナーが資格試験に向けて勉強する時間を確保する（できるだけ家事育児を自分が担うようにする）」などのミッションがつくれるかもしれません。

さらに、3つの注意点もあります。

注意ポイント1　独りよがりにならない

もし可能なら、ぜひ夫婦で話し合って決めましょう。独りよがりになってしまうと自分だけががんばっている状態になりかねません。なかなか夫婦で話ができない場合は第4章「夫婦の対話の溝」を読んで、話ができる方法を探してみてください。それでも対話が難しい場合は、家族の意見を思い浮かべながらひとりで考えてみましょう。つくったビジョンについてパートナーの意見を聞いてみることができたらいいですね。

注意ポイント2　子どもを主語にしない

これはとても大切なポイントです。子どもを主語にするとは「子どもが夜泣きしないで朝まで寝る」とか「子どもが勉強をちゃんとする」など、自分たち夫婦の行動ではなく子どもの行動が達成基準になっているビジョンです。これは達成の責任が子どもにかかってしまい、「こんなにしてあげているのに、なんでできないんだろう」という答えのないモヤモヤを生み出してしまいます。子どもをコントロールするのではなく、自分たちの行動に焦点を当てましょう。

ただ、子どもの年齢がある程度大きく、子ども自身が当事者として関わることができるなら、夫婦ビジョンではなく「家族ビジョン」「親子ビジョン」として子どもを主語にしても問題ありません。たとえば、受験を控えた子どもが自分で「勉強に集中したい！」と言うのなら、「子どもが勉強に集中できる状態を家族で整える」としてもいいでしょう。

注意ポイント3　固執しすぎない

ビジョンはひとつの軸にはなりますが、すべてではありません。ビジョンを実現するために生活があるのではなく、生活をよりスムーズにするためにビジョンがあることを忘れないようにしましょう。たまにはみんなでビジョンを無視して、羽目を外したっていいんです。

「ゆっくり一歩ずつ、わが家の文化をつくっていこう」

「家族観の違いの溝」は、ある意味夫婦の永遠のテーマかもしれません。この溝は悲観的なものではなく、ふたつの違う家族観がつながることで、ひとつの大きな大陸へと拡張していくものです。僕自身、結婚とは夫婦をより自由にし、希望ある未来をつくりだす可能性があるものだと考えています。僕と妻も、ずいぶんと価値観や考え方が違いますが、そのお陰で自分の世界観がずいぶん広がりました。

この章で行ってきた、家族観の学び直しとビジョン策定。これらは、即効性はなくてもじわじわと、家族をチームとしてよりしなやかにしてくれます。

1回で完璧なビジョンをつくれるわけでもないし、家族の状況によってビジョンは変わったり、追加されたりしていくでしょう。そうやって**トライアンドエラーを積み重ねていく中で、わが家らしさが芽生えていきます。**そのわが家らしさこそが「わたしたちの文化」となっていくのです。

Chapter

2

第2の溝「情報とスキルの夫婦格差」を埋める

夫婦の情報の差が、家事育児の偏りを生む

この章では、チーム家事を運用するベースとなる情報共有について、具体的にお伝えしていきます。

上手に家事育児をシェアできている夫婦に共通しているのは、お互いに必要な情報をしっかりと共有する仕組みをつくっていることです。逆に「知らない・わからない」が多くなるほど、家事育児は知っている人に偏っていきます。

たとえやる気があっても「何をすればいいか**わからない**」。

シェアしようと思っても「（相手が）**知らない**から自分でやったほうが早い」。

これは、仕事におけるチームづくりでも同じことが言えます。チーム内で情報共有がしっかり行われていないせいで、業務の引き継ぎができず問題が知らぬ間に大きくなってしまう。リーダーが情報を抱え込んでいるために部下は動けず、上司は果てしなく忙しい。本当は重要なタスクをやってほしいのに、うまく任せられずに雑用ばかりやらせてしまっている……など。

仕事だろうと家庭だろうと、複数の人が集まって何かをする際、**「情報のブラックボックス化」は非常に危険**なのです。

そしてもうひとつ。

じつは夫婦における家事育児スキルの差も、情報の差と捉えることができます。僕たちはべつに家事育児のプロフェッショナルを目指しているわけではありません。日常的な家事育児をこなすのに専門的な技術はいらないのです。なのに「パパが家事が苦手で……」という悩みはとても多い。じゃあ、そういうパパたちが一人暮らしも何もできないかと言えば、多くの場合そんなことはないのです。つまり「苦手」とは「ママ（パパ）と比べて」ということです。では、パパとママの違いはなんでしょうか。

それは「慣れ」と「情報を知っているかどうか」です。

家事育児スキルにおける情報とは、**「どういう手順か」**です。その知識にギャップがあるのです。そして、手順を知った上で**「それをやる必要がある」**と思えるかどうか。言い換えれば、どうすれば**「自分ごととしてとらえられる家事の手順」**をつくれるかです。

情報管理の仕組みを整えて、夫婦のチーム力をグッとレベルアップしましょう。

共有すべき情報を知ろう！

まずは、自分たちがどのくらい情報共有の仕組みをつくれているかをチェックしてみましょう。項目の中に「共有する」と「協力、共同する」が混ざっています。これは、ただ情報を知っているだけでなく、共同で行うことに価値がある情報だからです。

共有しておいたほうがよい情報はたくさんありますが、最低限左のページの6項目はしっかりと共有しておきましょう。

情報共有チェックシート

1 家族の予定について

- □ お互いの仕事やプライベートのスケジュールを共有する
- □ 子どもの保育園や学校行事など育児スケジュールを共有する

2 日常生活のやり取りについて

- □ 買い物リストや学校行事のプリント確認など、日常的な予定や活動を共有する
- □ ゴミの日や排水溝掃除など名もなき家事 ToDo を共有する

3 物のしまい場所や使い方について

- □ 自分の衣類、仕事や趣味の物をしまうための場所を十分につくる
- □ 育児グッズ（衣類やお出かけセット、医療セットなど）を共有する

4 家計や予算について

- □ 収入と支出の記録を共有する
- □ 将来の貯蓄や投資の目標を共有する

5 家族の健康情報について

- □ 子どもの健康状態や医療情報（保険証の場所など）を共有する
- □ 定期的な健康チェックや医療機関の予約について協力する

6 非常時の対処方法

- □ 緊急時の連絡先や対処方法を共有する
- □ 災害や緊急事態への備えを共同で行う

「時間」は夫婦の共有財産

1　家族の予定について
□お互いの仕事やプライベートのスケジュールを共有する
□子どもの保育園や学校行事など育児スケジュールを共有する

家族での情報共有の土台となるのが「スケジュール共有」です。

とくに子育て家庭であれば、お互いのスケジュールを共有するというのは必須だと言えます。今ではスケジュールを共有しているご夫婦は多くなってきましたが、ただ何となくカレンダー共有だけをしていてもあまり意味がありません。スケジュール共有をする上でもっとも大切なのは、「時間」は夫婦の共有財産であるというマインドセットです。

こんな相談を受けたことがあります。

「夫はこれまで、週3～4日くらいは飲み会で出かけていました。でも子どもが産まれてからは減らしてくれて、週1～2日くらいになったんです。それなのに、飲み会に行かれることにすごくイライラしちゃって」というのです。同じような悩みは、「休日にジムに行くことに腹が立つ」「朝ギリギリまで寝ていることが許せない」「わたしが友達と飲みに行こうとすると『子どもはどうするの?』と言われる」などなど、たくさんあります。

こうした悩みは「自覚がない」「自分のことしか考えてない」と言われますが、じつは**時間の優先順位の違い**が大きな原因だと言えます。

独身時代は、時間は24時間すべて自分の好きに使えていました。もちろん仕事で拘束されるから、「自分の自由時間」なんてほとんどない方もいると思います。でもそれは、言い換えれば「仕事に使える時間」なわけです。

ところが、子どもができると「子どもの都合」によって多くの時間を拘束されるようになります。それまでは飲みに行こうが休日に遊びに行こうが、それが誰かの生死にかかわることなんてなかったはずです。せいぜい、寝不足でつらいとか、遊びすぎてパートナーに叱られるとか、その程度でしょう。だけど「子ども」は違います。子どもを置き去りにして夜飲みになんて行けません。休日家に子どもを放置したまま遊びに行くこともできるわけがない。極端なことを言えば、たった10分車の中に置き去りにしただけで生死の危険がともなってしまう。子どもとはそういう存在です。

ベネッセの調査によれば、ひとりでお留守番をし始めるのは小学1年生以上が多く、時間も3時間以内が多いとのこと（ベネッセ教育情報サイト「子どもだけのお留守番事情」調査）。少なくともこの年齢までは、誰かが子どもを見守っていなくてはなりません。そしてこの子どもを見守る時間は、「仕事に使える時間」にはなりません。

そこで、子育て家庭では保育園を利用したり、シッターさんに預けたり、祖父母に見守ってもらったりしながら時間を確保しています。つまり、**誰かの時間と引き換え**

にしないと、自分の時間が得られない状態になるのです。

夜、ちょっと飲んでから家に帰る。休日にジムに行く。朝はギリギリまで寝て自分の身支度をしたらすぐに家を出る。**そんな当たり前の自由の裏には、その時間に子どもを見てくれている誰かの協力がある**のです。これを踏まえて考えてみると、パパの残業や休日のジム通い、たまの飲み会にママがイライラする理由がよくわかるはず。

これが、**子どもができると、時間が夫婦の共有財産になる**ということです。

1日24時間という時間を共通の財産だと捉えて考えると、一方が1時間自由に使うと、もう一方は1時間子どもの面倒を見なくてはならなくなります。つまり相手にあったはずの自由な時間という財産を、使えなくなってしまうのです。保育園に子どもを預けることは、文字通り時間を買っているわけです。保育園が子どもを預かってくれるから、仕事をするための時間を得ることができます。

そんな夫婦の共有財産である大切な時間を、好き勝手に使い倒されたらそりゃあ誰だってイライラします。共有財産であるからこそ、お互いが尊重しあって使う必要があります。

スケジュールを共有するとは、この時間に対する認識を前提に、お互いの時間をどう使うか可視化する予算表のようなものです。

ちなみに、Google women willの「LIFEとテクノロジー調査2016」によればスケジュールを夫婦で共有するだけで、女性は家事育児分担のストレスが軽減し、男性は家事育児時間が伸びるとのこと。スケジュールを共有するだけで家事育児シェアにつながるのだから、もはややらない理由がありません。

では、どのようなことを、どのように共有すればいいのでしょうか。その方法をご提案します。

ファミリーカレンダーでスケジュールを共有する

家族でスケジュール共有できるアプリは色々とあります。自分たちが使いやすいものを使えばいいのですが、本書では一番使っている人が多いであろうGoogleカレンダーを例にポイントをお伝えしていきます。考え方さえご理解いただけたら、他のアプリでもアレンジできるはずです。

子育てのタスクを家族共有のタスクにする工夫

情報共有においてとにかく大事なのは、**情報が夫婦どちらかに偏らないようにする**ことです。夫婦でうまく家事育児を助け合えている人たちは、必ずこの情報の偏りが生まれないための工夫をしています。どのような方法でも構いませんが、僕がおすすめしているのは「ファミリーアカウント」の作成です。

ファミリーアカウントとは、夫婦が共同で管理するアカウントのこと。「○○family@〜」のように新規アドレスを登録します。

子育てや家族行事などに関する登録は、基本的にはこのファミリーアカウントで行い、保育園や施設からの連絡は夫婦がともにキャッチアップできるようにします。

これは子どもが大きくなってきてからも便利で、デバイスを持たせ始めた頃のアカウントやパスワード管理をこのファミリーアカウントで行えば、夫婦どちらでも管理ができます。

カレンダーも、このファミリーアカウントを通じて「ファミリーカレンダー」をつくります。

このファミリーカレンダーに「保育園や学校、習い事の予定」「家族の予定」などを入れておくことで、家族の予定をお互いに把握することができます。

「誰」が対応する予定かを記載する

家族の予定を入力していても、誰に関係あることなのかをはっきりさせておくことが大事です。たとえば保護者会があったとして、夫婦でいくのか夫がいくのか妻がいくのかをはっきりさせる必要があります。そうしないとせっかく共有していても「自分が行く予定だとは思っていなかった」なんてことになりかねません。

そこで、

●【パパ】保護者会

- 【ママ】保護者会
- 【両親】保護者会

など、誰が対応する予定なのか、決まり次第入力するようにします。これで**予定に対しての主体性が高まります。**

仕事至上主義を改める

このファミリーカレンダーの共有は、ささやかなティップスでしかありません。ですが、その背後には人生を変えるほどの大きな価値観の転換があります。それが「**仕事至上主義を改める**」です。

チーム家事を整えるということは、**自分の人生の中に「家族との暮らし」を取り入れていくこと**です。それは、家事育児というタスクだけじゃなく、家族と一緒に食べる夕飯の時間だったり、夜や休日に過ごす穏やかな時間だったりします。こうした家族との暮らしの時間は、仕事時間とのトレードになります。仕事の効率化については本書で触れる話ではありませんが、すべてにおいて仕事の都合を最優先していては、家族との暮らしを楽しむことは難しいでしょう。

ファミリーカレンダーをつくり、そこに家族のスケジュールを入れ、共有する。ただカレンダーに表示させればいいわけではありません。**家族との予定を大切なアポイントメントとして扱う**ということです。

仕事関連の予定が就業後に入りそうなとき、家族の予定を確認して調整するのか、そんなことは関係なく予定を入れるのか。その小さな違いが家庭を心地よく運営できるかどうかを分けるのです。

僕自身、娘が保育園に入ったのを機に、お迎えの時間である夕方18時以降に保育園へ行けるように働き方を変えてきました。それまでは20時、21時まで働くのは当たり前で、23時頃からまた仕事を再開するような働き方をしていたのです。でも、18時のお迎えを、「絶対に外せないアポイント」としてカレンダーに入れ、それを死守するようにしました。最初の頃はちっとも上手く行かず、18時にお迎えに行ってもその後家で仕事をしたり、全然終わらないとイライラしたり、夜仕事しようと思っても夜泣きのせいでちっともできなかったり。妻に協力してもらいながらも、こんな働き方は続けられるはずがないと、かなり悩みました。

でも、それから9年が経った今では、16時には仕事を終えて買い物に行き、小学校から帰って来る娘のために夕飯をつくるのが当たり前になっています。

こうした仕事至上主義を改めた人は、僕のまわりにはたくさんいます。それぞれが苦労しながらも工夫をして、家族との暮らしという幸せな時間を取り戻しています。働き方を変えるのは大変です。職種によっては調整が難しい仕事もあるでしょう。

でも、家族と過ごす時間、とくに子どもと過ごす時間は一瞬一瞬がそのときにしかない貴重なものです。子どもが成長する瞬間も、かわいい一瞬の姿も、今だけのものです。後から同じ瞬間を取り戻すことはできません。この瞬間をたくさん味わっていきましょう。その経験は家族にとってかけがえのない宝物となるはずです。

スケジュールを共有すると同時に、「仕事だから仕方ない」という仕事至上主義から少し脱してみましょう。

アナログカレンダーをアクティブ化させる方法

スケジュール管理をデジタル管理で行っている人もいれば、アナログで手帳に記載している人もいます。また、部屋に家族みんなが見られるカレンダーをかけてデジタルと両方で管理している人もいるでしょう。

手書きの手帳はデジタルにはない自由度や楽しさからも人気がありますが、それを共有するとなるとすこし手間はかかるかもしれません。また、飾ってあるだけでだんだん見なくなるということも起こりがちです。そこでアナログ派の方におすすめしているのが「家族カレンダーのアクティブ化」です。

アクティブ化とは、カレンダーをただ見るだけじゃなく日常的に書き込みをしたくなるような仕掛けをつくり、**「使うカレンダー」**にするということです。

カレンダーは壁掛けタイプでも、置き型タイプでも構いません。次に紹介するアクティブカレンダーのアイディアに沿って、使いやすい物を選びましょう。

● ファミリーアートカレンダー

カレンダーの各月に子どもの手形をスタンプしたり、子どもに絵を描いてもらったり。年間を通じて成長を感じられるようになります。

● カウントダウンカレンダー

誕生日や旅行など、楽しみな日を決めてそれに向けてカウントダウンを記録していきます。毎日カレンダーを見るのが楽しみに！

●「ありがとう」カレンダー

家族への一言感謝を綴っていきます。絵で表現しても楽しいですね。日替わりで順番にやっていくのもおすすめ。

● チャレンジカレンダー

家族みんなで達成したい目標や挑戦を決めて、進捗を書いていきます。ダイエットでもいいし、語学学習でも、貯蓄や片付け、ＤＩＹでも。

●宿題、お手伝いカレンダー

宿題の予定を書き出して、終わったら◯をつけていったり、お手伝いした日にシールを貼ったり。一言メッセージを添えてもＧＯＯＤ！

●残業カレンダー

残業せず帰れた日に星印をつけるのはどうでしょうか？　仕事を早く終わらせるのも言葉だけじゃなく家族に可視化するとモチベーションも高まります。

このように使い方の幅を広げることで、いつもの壁掛けカレンダーがアクティブに使えるカレンダーになります。こうした使い方と合わせて予定を書き込むようにすると、カレンダーを見ることを習慣化しやすくなります。

緊急度が高い情報管理には、家族リマインダー

2 日常生活のやり取りについて
□買い物リストや学校行事のプリント確認など、日常的な予定や活動を共有する
□ゴミの日や排水溝掃除など名もなき家事ＴｏＤｏを共有する

スケジュール共有で管理できるのは、中長期の予定です。一方で、すぐ返事がほしい、リアクションがほしい情報もあります。

たとえば「今日何時に帰る？」とか「薬局でトイレットペーパーを買ってきてほしい」とかのやり取り。こうした情報のやり取りは緊急度が高く、時間が経ってしまうと「もう買ったからいいよ」ということになったりします。

こうした情報のやりとりは、口頭やホワイトボード、ＬＩＮＥなどのチャットツールやメール、ＴｏＤｏリストアプリを使うケースもあるでしょう。家族アプリの中にはスケジュール管理とチャット機能を両方備えているものもあります。

緊急度の高い情報のやりとりで重要な役割は「リマインド機能」です。人はうっかり忘れてしまいがちですし、カレンダーに入れるほどじゃない予定やタスクもたくさんあります。

たとえば、次のようなものはリマインダーを使うほうが効果的です。

- 学校や保育園などのプリント確認
- 子どもの行事やイベントのための準備
- 買い物リスト
- 掃除や片付けなどの予定
- 書類の記載や郵送、振込などの事務
- ゴミの日、粗大ごみなど

・クリーニングの返却日など

様々なリマインダーアプリがありますが、もし家族でＬＩＮＥを使っているなら、それをリマインダーとして活用するのもいいでしょう。

「リマインくん」というＬＩＮＥのアカウントをご存知でしょうか？　リマインくんと友だちになって、リマインドしたいことをリマインくんとのトークルームに投稿すると、その時間にＬＩＮＥで教えてくれるというもの。このリマインくんを家族のＬＩＮＥグループに招き入れ、リマインドしたいことをリマインくんに呼びかけます。「リマインくん、6月1日の18時にトイペ買うのを忘れないこと」と投稿すると、その時間に「トイペ買うのを忘れないこと」とリマインドをしてくれます。

細かな約束やＴｏＤｏをいちいちお願いするのは、思っている以上に面倒なことです。お互いがイライラしてしまう原因にもなるし、言うのが面倒で結局自分で全部抱え込むことにもなります。そうならないように、ツールを使って仕組み化できるところはどんどん仕組み化しましょう。

片付けは、チーム家事に欠かせない仕組みづくり

3　物をしまう場所や使い方について
□自分の衣類、仕事や趣味の物をしまうための場所を十分につくる
□育児グッズ（衣類やお出かけセット、医療セットなど）を共有する

物をしまう場所や使い方も、家族で家事育児を協力しあう上で欠かせない情報管理の一環です。

片付けと言うと、個人的な課題と捉えられがちですが、そうではありません。企業など組織でも「環境整備」は重要な経営戦略のひとつに位置づけられています。

なぜかと言えば、誰もが使いやすくわかりやすい環境とルールをつくることで、驚

くほど業務が効率化されるから。

株式会社武蔵野は環境整備を「経営の根幹」と位置づけ徹底したことで業績を上げましたし、トヨタの5S（整理・整頓・清掃・清潔・躾）も有名です。

これはもちろん家庭内でも同じことが言えます。職場環境を整えることで仕事が効率化されるのと同じように、家の中を「環境整備」することで、家事育児も効率的にできるようになり、当然シェアもしやすくなります。

本書では細かな片付けの方法については触れませんが、**家族が各々自立して自己管理するための収納づくり**の大本の考え方をお伝えします。

単にキレイに片付ける方法を知っても、家族の誰かひとりだけが完全に把握できている収納をつくっても、家族の自立した行動にはつながりません。キレイで使いやすい収納を整える前に、まずはこれからお話しする**「家族収納」の考え方**を参考にしてみてください。

なぜ、ママの片付けが大変なのか？

「片付けが苦手」というのは、男女ともによく聞きます。でも「家族の片付けに悩んでいる」となると圧倒的に女性が多いです。事実、僕が行っている「子育て家庭のためのモヨウ替えコンサルティング」でもお問い合わせの9割はママさんから。では、なぜママはこんなにも片付けに悩み、困っているのでしょうか。女性のほうが片付けが苦手だから？　女性のほうが家のことを考えているから？　そうではありません。

ひとつは、社会的な背景としてママのほうが家事育児に携わっている時間が圧倒的に長いからです。関わっている時間が長いので、当然悩みも生まれます。もうひとつは、**ママが管理している場所が多いから**です。自分に当てはまるかどうか、以下の簡単なチェックをしてみてください。

【片付け管理チェック】

□洗濯後の子どもの衣類を収納するのは自分が多い
□洗濯後のタオルなど家族共有の物をしまうのは自分が多い
□洗濯後の衣類は、自分の分だけではなくパートナーの分もしまうことが多い
□散らかった子どもの物を片付けたり、子どもの片付けを手伝うのは自分が多い
□玄関の靴やベビーカーなどをそろえたりしまったりするのは自分が多い
□床に無造作に置かれた荷物をしまうのは自分が多い
□洗面所、トイレ、キッチンなどの片付けは自分がすることが多い

これらはほんの一部ですが、このチェックがたくさん付くほど、自分が片付けなくてはいけない範囲が広いことになります。

家族収納には3つの管理者がいる

さて、家族の中で片付けの負担がひとりに偏ってしまいがちな理由がおわかりいただけたかと思います。

次はこの偏りを家族それぞれに分担していきましょう。家の収納というのは、全部を家族みんなで管理しているわけではありません。意識的にも無意識的にも、管理している人がいるのです。この収納の管理者があいまいな状態だと、片付ける人がおらずどんどん散らかっていくので、まずは家中の収納を適切な管理者にあてがうようにします。

家の収納は、3つの管理者に分けることができます。

①自分管理の収納
②他人管理の収納
③家族共有管理の収納

①自分管理の収納

クローゼットや本棚、デスク収納、リビング収納の一部分など、自分が管理している収納です。

この収納に関しては、**「自分以外の他の人は勝手に触らない」**というプライバシーレベルの高い収納とします。触るときはちゃんと断りを入れる、勝手に使ったり触ったりしないのが鉄則。家族となると、なぜかプライバシーが曖昧になります。自分の物を勝手に触られて腹を立てたことがある人もいるかもしれません。

家族となると、自分の物を自分で管理するだけでは収納はうまくいきません。**自分の物を「自分の収納スペースで」管理する**、ここまでがワンセットとなります。

②他人管理の収納

妻のクローゼットや夫の本棚、子どものチェストなど、自分以外の家族が管理している収納のことです。この収納は、基本的に本人以外が勝手に触るのはNGです。

しかしながら、この収納までもママが管理しているケースが非常に多いのです。

ママは自分の物だけでなく、家族の物までそれぞれの人の収納にしまっています。しまい方を考え、しまいやすいように収納グッズをそろえ片付けている。家中の収納を管理するほうが自分に合っていると思うようなら、それもひとつのあり方です。ですが、「夫にも片付けてほしい」「子どもが自分で片付けられるようになってほしい」と思うなら、収納のプライバシーレベルをグッと上げてみてください。

③家族共有管理の収納

家族の物には、食器や洗剤、タオルなど、誰の所有とは決まっていない物もあります。アウトドアグッズなど共用で使う物もあるでしょう。そうした物は、家族共有管理の収納にしまっていきます。家族共有管理の収納において大切なのは、**誰がしまっても同じようにしまえること**です。

この「管理者制」の収納管理は、みんなで維持していくことが前提になります。もちろん、現実には誰かが散らかしたものを他の家族が片付けることもあるでしょう。ですが、一人ひとりが気をつけることで散らかりを防ぎ時短家事にもなります。片付けというと、綺麗に整った家や収納を思い浮かべます。もちろんそれも大切ですが、チーム家事においては**「家族みんなが、どこに何があるかを理解している状態」**が最優先です。大事なことなので少し強調して言うと「自分はわかっている」だけではいけないのです。テーブルの上にごちゃごちゃと書類が山積みになっており、自分はこの山の中に振込の書類があることを知っている。これではダメです。

他の情報と同じように、自分しかわからない状態をつくると、その情報にまつわるタスクの責任を自分で負うことになります。

ただ、心配しないでください。あらゆる物の位置を共有しよう、というのではなく家族共有管理の収納に関してだけで十分です。

それでは、家族収納のつくり方を見ていきましょう。

スペースごとに管理者を決める

まず最初にするのは、**収納スペースに管理人を割り当てる**ことです。家には様々な収納スペースがあります。造り付けの収納（クローゼットや押入れなど）もあれば、本棚、カラーボックス、デスクの引き出しなど、持ち込みの収納などもあります。

それぞれの収納スペースが、「自分管理」「他人管理」「家族共有管理」のどれなのかを決めていきましょう。


クローゼットはわかりやすいかもしれません。「寝室のウォークインクローゼットはママとパパ管理で、子ども部屋のものは息子が管理」など。さらに、寝室のクローゼットが夫婦の衣類収納だとしたら、クローゼットの中でママの収納とパパの収納を分けるようにします。

本棚も、1台ずつ「夫用・妻用・子ども用」と分けてもいいですし、本棚を共用で使っているなら区画で分けてもいいでしょう。中には夫婦で同じ本を一緒に読んでいるという方もいます。そういう場合は「夫婦で管理」としてもOKです。

洗面所やリビングの収納は「家族共有管理」になることが多いかもしれません。家族共有管理の収納棚の中に個人管理のカゴを入れたり、ジャンル別に分けてしまってもいいでしょう。重要なのは、管理者をちゃんと決めておくことです。

このように家中の収納に管理者を与えていくのですが、悩ましいのは子どもの収納です。お子さんが中学生や高校生なら、迷わずその子自身に管理させればいいのですが。赤ちゃんや幼児は自分ひとりで管理するなんてできません。そうした小さなお子さんの場合については、5章の「子どもをチームの一員にする」でお話しします。

収納場所は管理者ごとに決める

ウォークインクローゼットの分け方

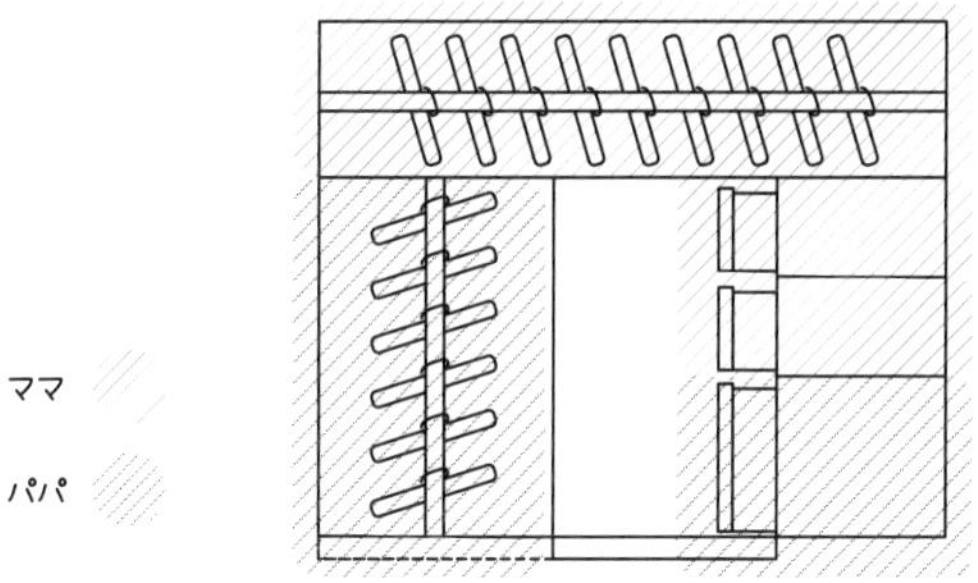

クローゼットの分け方

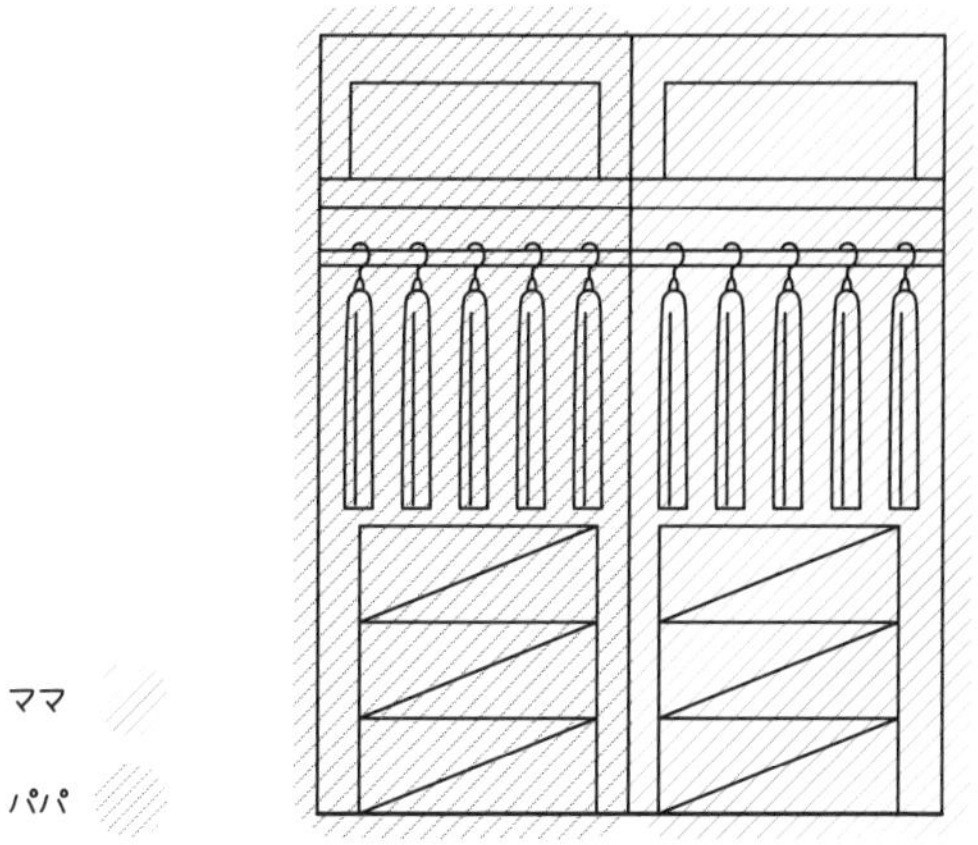

家族みんながわかるようにラベリングする

収納を人別に振り分けることができたら、「家族共有管理」を誰もが迷わず片付けられるようにしていきましょう。

そこで取り入れたいのがラベリングです。昔からある定番の整頓方法ですが、家族みんなが物の場所を理解するために、もっとも効果的な方法です。でも、きっちりラベリングをしても家族にはうまく伝わらないこともあります。じつは、使いやすいラベリングにはちょっとしたコツがあるのです。

【家族みんながわかりやすいラベリングのコツ】

①家族がすぐにわかる仕分けを考える
②家族が見てすぐわかる名前をつける
③「その他」ラベルは多用しない

①家族がすぐにわかる仕分けを考える

ラベリングをするためにはまず、ラベリングができるように仕分けをしなくてはなりません。物がごちゃごちゃとしている状態だとラベリングはできないのです。どうすれば使いやすく仕分けられるのかと悩む人はとても多いのですが、基本的には次の3つの方法で分けることができます。

- 大ジャンル：文具類、キッチン用品、本など大きなくくり
- 小ジャンル：ペン、ハサミ、包丁、おたま、本の種類別など個別のくくり
- 必要セット別：宅配便セット（ハンコ、ハサミなど）、おでかけセット（オムツ、ティッシュ、タオルなど）などのセットになっていたほうが便利なもの

まずは収納家具そのものや、引き出しそのものなど「大ジャンル」の仕分けを行います。この引き出しには文具をしまおうとか、この収納の右半分は本をしまって、左半分はリビングにある小物類をしまおう、などです。

つぎに「小ジャンル」「必要セット別」を決めていきます。このジャンルを決めるコツは**使いやすさ**です。たとえばリビングに置いておきたい色々な小物を小ジャンルにわけるときは、このように行います。

1　小物類を全部並べる
爪切り、耳かき、ノリ、セロハンテープ、ペン、単3電池、ハサミ、便箋、封筒、切手、消しゴム、定規、単4電池など

2　似たような種類、一緒にあると使いやすい物をグループ分けする
グループA：お手入れセット：爪切り、耳かき
グループB：文房具セット：セロハンテープ、ペン、ハサミ、消しゴム
グループC：お手紙セット：便箋、封筒、切手、ペン、ノリ、定規
グループD：各種電池

3　仕分けしたグループをどこにしまうか、ゾーニングする

仕切るための収納グッズを購入する前に、どんな感じで収納するか、簡単でいいのでイメージしておきましょう。「引き出しの右側はお手入れセットにして、その隣に文房具セットをしまおう」など。手書きでいいので図にして、最低限必要な大きさを測っておくといいでしょう。ハサミをしまおうと思っていたのに収納ケースにハサミが入らなかったとか、ケースを3つ並べようと思ったのにギリギリ入らなかったなんてことになると、悲惨です。

これでラベリングのための仕分けはバッチリです。あとは、実際にラベリングをするときのポイントをお伝えします。

②家族が見てすぐわかる名前をつける

家族収納のラベリングは家族が見てすぐにわからなくては意味がありません。たとえば先ほどのグループA「お手入れセット」。これですぐにわかるならいいですが、「お手入れセットって何？」となる可能性もあります。そんな場合は「爪切り・耳かきセット」としてもいいでしょう。また「お手紙セット」と「文房具セット」は被っていて判断がしにくい物があります。定規やノリはお手紙セットじゃなくて文房具セットに入っていても不自然じゃないし、セロハンテープがお手紙セットにあってもいいかもしれません。こういった場合は内訳を記載するといいでしょう。

「お手紙セット：便箋、封筒、切手、ペン、ノリ、定規」と記載しておきます。一方の文房具セットはお手紙セットよりも範囲が広いので、お手紙セット以外は文房具として、全部記載しなくてもいいでしょう。

また、英語表記には注意が必要です。

ラベリングをする際に、日本語で書くよりも見栄えがよい英語表記を使うことがあります。文房具を「stationery」と記載する場合、お子さんでもパッと見てわかるようにペンやハサミなど文房具のイラストも合わせたラベルにするといいでしょう。

③「その他」ラベルは多用しない

ついつい「その他」というラベルを使いたくなってしまいますが、これはとても危険です。「その他」にするとなんでもかんでもそこにしまうため、すぐにいっぱいになってしまいます。

極力「その他」をつくらないのが理想ですが、いちいち細かく仕分けなんかしていられない、という物もあるかもしれません。その場合は、場所をしぼって最小限でつくりましょう。ただし、その他に入った物は検索性が悪く、「しまったはいいものの、どこにあるかわからない」ということにもなりやすいのでご注意ください。

わが家のすべてを管理するデータベース化のすすめ

4　家計や予算について

□収入と支出の記録を共有する　□将来の貯蓄や投資の目標を共有する

5　家族の健康情報について

□子どもの健康状態や医療情報（医療証の場所など）を共有する

□定期的な健康チェックや医療機関の予約について協力する

6　非常時の対処方法

□緊急時の連絡先や対処方法を共有する　□災害や緊急事態への備えを共同で行う

どの家庭にも共通する情報のアナログ管理「収納」に対して、使うかどうかも含めて非常に好みが分かれるのが、情報のデジタル管理です。とはいえ、便利なテクノロジーが誰でも使えるようになったこの時代、家族情報をデジタル管理して共有しないのは本当にもったいないことです。

そこで、Notionというアプリを使った家族のデータベース化をご紹介します。Notionとは、メモやタスク管理、データベースなど、仕事やプライベートで使える様々なツールをひとつにまとめた「オールインワンワークスペース」と言われるアプリケーションです。これを読んでいる方の中にも使ってる、知ってる、という人も多いかもしれません。ここでは、特にまとめておくといい家族情報を一覧にしました。テンプレートリンクも特典としてご用意しておりますので、巻末のご案内ページからお申し込みください。

他に使い慣れたサービスがあるなら、そちらを活用してもよいでしょう。記録しておきたい情報はどのアプリサービスも同じなので、ぜひ参考にしてみてください。

- My Family：家族それぞれの情報をまとめる
- ファミリーカレンダー：カレンダーサービスをひもづける（96ページ参照）
- 災害時緊急情報：緊急連絡先や避難グッズの場所など
- 予算、家計簿情報：サブスクや家賃など家庭でかかる予算表

簡単にひとつずつ、説明していきます。

「個人ページにそれぞれの情報をギュッとまとめる」

My Familyというデータベースの中には、生年月日や血液型、記念日など、家族それぞれの情報をまとめています。趣味や食の好みなど、意外と記憶に頼ってる部分を書き出しておくのもおもしろいですし、健康診断の結果や持病の薬などの医療情報もこのページにまとめておくと、自分も家族も振り返りがしやすくなります。

子どもについては、服や靴のサイズも共有しておくと、いちいち聞いたり確認したりする手間を省くことができます。

また、書類データベースをつくり、そこには学校で配布されたプリントなどを撮って貼り付けておきます。「1年生」「2年生」「夏休み」「保護者会」などタグをつけて管理しておくと非常に便利です。また、子どもの作品などを写真に残して処分する家も多いと思いますが、そうした作品集もこの個人ページにまとめておくと簡単に振り返ることができます。

「いざというときのための緊急連絡先災害情報」

次にぜひまとめておいてほしいのが、緊急連絡先や災害対策情報についてです。緊急連絡先や備蓄品、避難所や避難経路など、家族であらかじめ話して記録しておくと、いざというときでも安心して情報にアクセスすることができます。

Notionには「家庭での災害対策」という公式テンプレートもあり、事前に考えておきたいこと、家族で共有しておきたいことが的確にまとめられているので、この項目を家族で話し合いながら埋めていくだけで災害時の備えを行うことができます。

家計簿情報を家族で管理

家計簿など、毎月何にいくらお金がかかっているかを把握することは、とても大事なことです。家を購入するために家族で貯金をしたり、老後資金のために投資をしたり、子どもの学費を貯蓄したり、家族で協力し合いながらやりくりすることもあります。家庭というのは、小さいけれどひとつの組織です。心地よく安心な運用をしていくにはお金の管理は絶対に必須です。

中には「家計のことは全部妻に任せているから、何も知らない」という人もいますが、これはちょっと無責任すぎます。役割分業と言えば聞こえはいいかもしれませんが、家計に限らず、家庭内の根幹に関わる重要なことをブラックボックス化させていては、いざというときに困るでしょう。

どこまで細かく把握するかはそれぞれですが、最低限、1か月間・1年間にかかるお金や、貯金と投資の予算くらいは共有しておきましょう。

実際に家計簿を共有すると、無駄遣いが減ったり、効率的に資産を増やせたりします。日々のお金の出入りは家計簿アプリが使いやすいですが、データベース上では次の情報をまとめておくのがおすすめです。

- 固定費：毎月、毎年かかるもの。家賃や保険料、習い事、動画サブスクなど
- クレジットカード・口座情報：何がどのクレジットカードや口座から引き落とされるのか、意外と混乱しがちな情報を管理。家族カードを利用している場合はその情報など

「その他にも、いろんな情報をまとめておこう！」

デジタル管理のメリットは、アイディア次第で自分たち家族にとって便利で楽しい家族ページをつくれることです。

僕は家族から好評だったレシピを記録しておいて夕飯のメニューに困ったときに参

照したり、行きたいお店を記録しておいて家族で出かけるときに参考にしたりします。
その他には、次のような情報をまとめておくのもよいでしょう。

- ほしい物リスト：新調したい家電や家具、引っ越しの予定など
- 家族会議の議事録：話したこと、決まったことなど
- ギフトリスト：家族の誕生日やお歳暮、敬老の日などにプレゼントしたものやお年玉の金額など

こうした情報は、どこかにメモしたり記憶したりしているだけでは、必要なときに出てこないものです。記録する場所を決めてまとめておくだけで、家族でのお出かけが楽しくなったり、日々の生活を楽にしてくれたりします。

ぜひ自分たちのオリジナル家族データベースをつくってみましょう。

家事スキルの差を埋める「家事の因数分解」

ここまで、家事のチーム化には「情報」の共有が欠かせないとお伝えしてきました。でももうひとつ、大きな溝を生む情報格差があります。それが**家事スキルの差**です。家事のやり方は、夫婦と言えど全然違います。ですが、やり方なんて違っていてもよいはず。それなのに、なぜ夫婦で家事のやり方が違うことでモメてしまうのでしょうか。

家事のやり方が違って困るのは、**家事の「結果」が変わる**からです。掃除をするときに、椅子をテーブルの上に上げて掃除機がけをするか、椅子をどかしながら掃除機がけをするかなんて、どっちだっていい。ただ、テーブルの下もしっかり埃を吸い取る、という結果がズレてくると、そのプロセスでモメることになります。

子どもにお手伝いをお願いしたとき。テーブルを拭いてとお願いしたのに、まだ汚れていることがあります。そこで「テーブル拭いてって言ったじゃん」と言っても、子どもは「拭いたよ！」と言うばかり。「だから、ちゃんとキレイに拭いて」「ちゃんとキレイに拭いた！」こんな不毛なやり取りをした経験はありませんか？

これは、結果じゃなくて「拭く」という行為に意識が向いているために起こってしまうすれ違いです。同じようなことは、他にも色々なところで起こります。

「洗濯物をたたんでってお願いしたら、たたんだままその辺に置きっぱなし。しまっておいてくれるとか、それができなくても端っこにまとめておいてくれるとか、そのくらいは気を利かせてほしい」

「雨が降ってきたから洗濯物取り込んでおいてって言ったら、ソファの上にぐっちゃぐちゃに取り込んでた。信じられない……」

「ゴミ捨てをお願いしたら、捨てるだけやって、ゴミ袋のセットはしてくれてない」

などなど。家事を頼むときは、「片付けて」「食器を洗って」「洗濯して」「衣類をたたんで」「買い物して」「夕飯をつくって」というように、「動作の指示」が多くなります。これでは**家事が終わった後の状態（結果）を共有できず、「やった」「できてない」というモメごとが起こってしまう。**

その一方で、家事へのこだわりが強い場合、結果だけじゃなく、そのプロセスまで同じでないと気がすまない人もいます。そこまでの自覚がなくとも「何が悪いの？」と聞かれてもうまく答えられず、「なんか違う……」とモヤモヤしてしまう人は、このプロセスの違いに納得がいってない場合があるのです。

このように、家事のやり方にモヤモヤする原因は**「結果の違い」**と**「プロセスの違い」**のふたつがあるのです。

これらは両方とも「これが当たり前」「こうでなきゃおかしい」という思い込みに

よるすれ違いとも言えます。そのやり方がたとえ専門家から学んだ正しい家事のやり方であったとしても、家事シェアにおける正解とは限らないので注意が必要です。

家事の因数分解でプロセスを可視化する

それでは、こうした家事のやり方の違いを解消しつつ、さらに自分の家事の時短にもつながる「家事の因数分解」ワークをやってみましょう！

これは、僕が家事シェア研究家として活動を始めた14年前に考え、今でも家事シェアワークショップや、個別でご相談を受けた際に行っているワークです。ご夫婦でトライした方々は、各々のやり方やこだわりの違いを知り、なぜすれ違っていたのかを可視化することができています。また、ひとりでやった方も自分の家事のどこが大変なポイントで、どこを工夫したらよいかを知る手がかりになっています。

あらためて自分の家事のやり方を考えてみたことはあるでしょうか？　自分がどんな家事をやっているか（ベッドメイク・リビングの掃除・夕飯の支度など）を書き出したこ

とがある人はいても、家事のプロセス（掃除の手順、食器洗いの手順など）を書き出したことがある人は少ないかもしれません。

この家事のプロセスの可視化こそが、家事シェアにも役立つのはもちろん、家事の時短にもつながるのです。

仕事で言えば、資料づくりにたとえられます。思いつくままにつくり始めるよりも、先に構成を考えてからつくるほうが作業は効率的に進みますよね。そして、構成が可視化されているから「この項目に入れる○○という資料を集めておいてくれる？」と指示ができる。構成が可視化されていないと「必要そうな資料とりあえず集めといて」というような、雑な指示になってしまったりします。

だからこそ、自分の家事の構成を一度分解してみるのです。

家事の因数分解は、見直したい家事を決め、自分がどのような手順で行っているかを細かく書き出して可視化していきます。

自分が効率化したい家事でもいいし、家族とシェアしたい家事でも構いません。すらすらと書き出せる家事は、時間や労力の見積もりがしやすい家事です。そのた

家事の因数分解

①見直す家事を決める

まずは、どの家事を見なおすかを決めます。

掃除

②家事のフローを書き出す

自分がどのような手順で行なっているか思い出しながら、
できるだけ細かく書き出してください。

テーブルを片付ける ▶ 棚の上などを片付ける ▶ ソファの上を片付ける ▶ テーブルの上を拭く ▶

▶ 棚の上を拭く ▶ 家具を移動させる ▶ 廊下をドライシート掛け ▶ リビングダイニングをドライシート掛け ▶

▶ 廊下を掃除機掛け ▶ リビングダイニングを掃除掛け ▶ 和室を掃除機掛け ▶ 家具を戻す

書き出したフローを見ながら、外せない部分、
時間があるときだけやればいい部分、
パートナーにも守ってほしい部分を考えてみましょう。

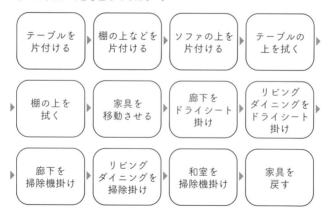

め、やるかやらないかの判断もしやすいですし、取り掛かるときのハードルも低めです。
ところが「時と場合によって違うんだよなぁ」と悩んで、なかなか分解しづらい家事もあります。それは、どのくらい時間がかかるかもわからないし、次に何をやればいいかを考えながら動いているということ。つまり、取り掛かるときの心理的なハードルが非常に高いはずです。

また、あまり細かく分解できないこともあるかもしれません。「掃除？　掃除なんて『各部屋に掃除機掛ける』で終わりだよ」というように。この場合は、ほとんどその家事をやっていないため解像度が低いか、ただ言語化が苦手なだけです。
言語化がうまくできない場合は、実際にその家事をやりながら、自分の行動を意識してみてください。「意識してなかったけど、テーブルをどかしてから掃除機を掛けているな」「掃除する前に、掃除機にゴミが溜まってないかチェックしてるな」など、無意識にやっていたことを発見できるはずです。

この因数分解で悩む人が多いのが「料理」です。

「毎日つくるメニューが違うのに、どうやって因数分解するの？」と言われることもあります。たしかに、煮込み料理か炒めものかだけでも手順は変わってきますよね。

毎日料理をつくっている人は、それだけ複雑なタスクを毎食考えながら段取りしていて、それは本当にすごいことなのです。

では、料理はどうやって因数分解していけばいいでしょうか。ここは大胆に自分の中の傾向を抽象化してみましょう。


【例1】

お米を炊飯器にセット↓副菜の食材を切りそろえる↓お味噌汁や小鉢などの副菜を仕上げる↓副菜を盛り付ける↓一旦洗い物をする↓メインの食材を切りそろえる↓箸や副菜を食卓に並べる↓ご飯が炊ける時間を確認する↓メインの仕上げ↓メインをお皿に盛り付ける↓フライパンを水に浸す↓ご飯とお味噌汁をよそう↓食卓に並べる

【例2】

お米を炊飯器にセット↓メインの食材を切りそろえる↓メイン料理を仕上げる↓余裕

があれば副菜をつくる↓副菜を盛り付ける↓ご飯が炊けたら盛り付けをする↓盛り付けたら家族に運んでもらう↓食事開始

例1は、洗い物をしながら料理をするパターンです。なるべく食後の洗い物を少なくしようとする傾向が見て取れます。例2は、大きなところから仕上げていくパターンです。途中で洗い物をすることもありません。

日によってご飯じゃなくパスタだったり、お鍋や焼肉をみんなで囲む日もあるかもしれません。でもここで大事なのは、大まかなパターンを掴むことです。細部が気になることもあるかもしれませんがここは大胆に抽象化させていきましょう。

因数分解した家事を読み解く

家事の因数分解が終わったら、自分がその家事によってどのような状態を目指しているのかを考えてみましょう。

先程の【例1】であれば、「できるだけ洗い物が少ない状態で料理を終えたい」ということかもしれません。【例2】であれば「料理は手早く（○分以内、○時までに）終わらせたい」のかもしれません。

ちなみに、因数分解の例としてあげた「掃除」は、娘がまだハイハイの頃の僕の掃除を分解したものです。目指した状態は「床だけじゃなく、テーブルやソファの上も含めて片付いた状態にしたい。娘が床を這っても気にならないようにドライシートもかけたい」です。

このように、家事のプロセスには自分の目指したい状況が色濃く反映されます。**家事を因数分解することで、意識していなかった「自分が目指したい状況」がくっきりと見えてくる**のです。そして、足りないところや過剰なところも見えてきます。

僕は娘が立って歩くようになってからも、ずっとドライシートを続けていました。しかも「面倒くさいな」と思いながら。

でも引っ越しを機に自分の掃除を改めて因数分解してみたときに「娘がハイハイし始めたからドライシートも始めたんだ」とハッとしました。まるで形骸化した校則のように、頑なに掃除機の前にドライシートをやっていたけど、もう必要ないかもしれない。そう思って辞めたら、当然ですが掃除がすごく楽になりました。

このワークをやった方の中には、無目的にやっていた部分をバッサリと省いて、一気に時短につなげたり、自分がなぜ洗濯を細かく洗い分けしているのか、その理由に気がついたという方もいました。

わが家のボーダーラインを決める

家事の因数分解は、自分の家事を見直すのに役立つだけではありません。家事のチーム化を行う上でも大いに役立ちます。

先ほどお話ししたように、「やった」「できてない」のモメごとは「家事の結果」のすれ違いによって起こります。そのため、お互いの考えている「家事が終わった状態」を共有し合うようにします。

ところが、この家事が終わった状態の理想が異なって、お互いが自分の意見を譲らなければ、またモメてしまいます。

それを防ぐためには、「わが家のボーダーライン」を決めること。

家事のこだわりが強い人にすべてを合わせていくのは、家事にこだわりがない人からしてみたら、かなり苦痛です。同じように、家事のこだわりが強い人からすれば、こだわりのないほうに合わせる意味がわからないこともあるでしょう。

正解はどちらに合わせるか、ではないのです。**「わが家としては最低限、ここまではやろう」という合格ラインを決める**ことです。


たとえば食器洗い。僕は「食器を食器棚に拭いてしまい、シンクやコンロなど汚れたところは拭き上げた状態」をゴールとしたい。でも妻は「食器がシンクに残っておらず、洗い終わっている状態」をゴールと考えています。このふたりの差異は「食器を拭いてしまうか」「シンクやコンロまで拭き上げるか」というところです。

そしてわが家のボーダーラインは「できるだけ食器は拭いてしまう。けど疲れているときは水切りかごのままでも良しとする」というところです。だから僕が洗い物をするときは、シンクやコンロを拭き上げるところまでやりますし、妻の食器洗いのあと、気がついたら拭くこともあります。だからといって、僕がイライラすることはありません。むしろ、意識的に食器をしまってくれるようになったことへの感謝が大きい。さらに、僕がシンクやコンロを気にしていることを知ってくれたので、気がついたときに拭いてくれることもあります。

このように家事が終わった後の状態を共有することで、これまで意識が向かなかったところに目が向くようになるのも、メリットのひとつです。

ボーダーライン用のプロセスをつくる

ただ、ひとつ注意点があります。それは「**プロセスの強要はたいてい失敗する**」ということ。

家事の因数分解を通して、自分のプロセスを洗い出すと、その通りにやってほしくなることがあります。つまり、マニュアル化するということです。お互いに了承がとれていて「これをマニュアルにしよう」という場合は全然問題ありません。しかし、一方的に「このやり方でやって」と押し付けると、たいていうまくいきません。

自分ごとにならなければ、ルールは覚えられないし、守ることもできません。

家事のこだわりが強い方は「なんでこうしてくれないんだろう」という思いから一歩距離を取る必要があるのです。

そこでおすすめなのが、プロセスをただ強要するのではなく「ボーダーライン用のマニュアルづくり」をやってみること。これは大人同士のシェアだけじゃなく、子どもに家事を教えるのにも役立ちます。

先にご紹介したように、子どもは「拭いたよ!」と言ってやったつもりになってしまうことがあります。でも、それは目的の状態にどうやればたどり着けるかがピンときていないからでもあるのです。

「テーブルの上に物がない状態にする」↓「アルコールスプレーを3回テーブルに吹きかける」↓「端っこから始めて、反対側まで布巾を往復させる」のように、プロセスを一緒に実践してみることで、何をすればいいのかわかるようになります。

大人の場合は先ほど因数分解したプロセスシートを使って、それぞれが出した家事のプロセスを見合わせながら決めていきます。

このときに「なぜそのプロセスが必要なのか」を話し合うことが、お互いの価値観を知るきっかけになります。通常は「言わずに察し合う」か「ケンカになって突きつけ合う」となってしまいがちですが、「ちゃんと話し合う」ことでお互いにとってよりよいアイディアを生み出せるでしょう。

これはすべての家事でやる必要はありません。シェアしたいと思っている家事や、どうしても相手のやり方に納得がいかない家事などは、このようにプロセスを書き出してマニュアル化するとシェアしやすくなります。

改めてお伝えしますが、これはあくまでも「ボーダーライン用」です。家事の担い手のやり方をそのままマニュアルにするわけではありません。お互いに負担や妥協できるポイントを考えながら「最低限これをやればOK」というものをつくってみましょう。

このマニュアルよりも丁寧に行うことに際限はありません。でも、安易に下回るのは避けましょう。適当にマニュアルを下回っていいのなら、マニュアルとしての意味がなくなってしまいます。

Chapter

3

第3の溝
不公平な時間の
優先順位を見直す

家事育児が「必須科目」な妻と、「選択科目」な夫

家族での情報共有という土台づくりができたら、より具体的に、日常生活をチーム化する方法をお伝えします。

家事シェアの大きな障害として「時間のなさ」がよくあげられます。でも、ここで大事なのは時間がないことを問題と考えないこと。なぜならそれを問題にしてしまうと「働き方を変える」という解決策が必要になるからです。それは重要なことかもしれませんが、夫婦や家族間だけで解決できる問題ではなくなってしまいます。

問題は「時間に対する感覚や優先順位の違いによる不公平感」や「非効率的な家事シェア」です。時間のなさを問題にしてしまうと諦めなくてはならないことも、問題の視点を家族で解決できるものに向けるだけで、家事のチーム化を最適化させていく

ことができます。

「いやいや、時間がないことが問題であって、時間さえあれば解決できるんだよ」と思うでしょうか。事実「仕事が忙しくて、なかなか家事育児ができない」と言う男性はかなり多いです。「これからの男性は、家事育児もやっていくんだ」という価値観が浸透してきたからこそのセリフとも言えます。では、時間さえあればパパたちも家事を積極的にやるようになるのでしょうか？

この件で参考になるおもしろい調査があります。コロナ前の2019年とコロナ禍の2021年で、家事育児の時間がどのように増減したかを調べたところ、テレワークなどで「仕事以外に使える時間が増加した」男性は47・3％もいるにもかかわらず、**家事育児介護にかける時間はわずか1分しか伸びていない**のです。女性は「時間が増加した」と答えた人が32・4％と男性よりも少ないにもかかわらず、家事育児介護の時間は20分増と、テレワークにより大変さが増していることがわかりました（2021年度「男性の家事・育児等参画状況実態調査報告書」）。

この調査を受けて大和総研の是枝俊悟主任研究員は、「男性は仕事以外の時間が増えても、それだけで家事、育児をするわけではないことが浮き彫りとなった。その分女性の負担が増えた可能性がある」と結論づけています。

非常に残念な結果ではありますが、思い当たる人も多いかと思います。「男性も家事育児をやらなくちゃ」という意識は高まって、費やせるだけの時間も増えた。それなのになぜ妻に任せっぱなしなのか不思議に思えますが、こう考えてみると理解しやすいかもしれません。

「英語の勉強は大事だし、やらなくちゃなという意識はある。休みの日にやろうと思いつつ、テキストをチラ見してやった気になって終わってしまった」

同じようなことは、運動やダイエット、仕事上でもあるかもしれません。

一方、妻側はたとえ家事が苦手だろうと寝不足だろうと、家事育児をやっている人が多い。運動やダイエットが続かなくても、家事育児はどうにか続けている。

その理由は、**家事育児が生活する上での必須科目になっているから**です。もしも選択科目だったら選ばないかもしれないけれど、必須である以上やりたいかどうかではなく、やらざるを得ない。そんな感覚です。

ところが、**男性は家事育児を選択科目だと認識する人も多い。**できれば単位は獲得できるけど、できなくても留年にはならない。そんな感覚ではないでしょうか。

最近は、家事育児も仕事もバリバリこなすパパも増えてきました。そんなパパたちにとって家事育児は当然の「必須科目」なのです。

この認識の違いこそが「不公平な時間感覚の違い」です。そして、この時間感覚の不公平感が埋まっていかないと「仕事を調整する」「働き方を変えて時間を捻出する」なんてことは起こり得ません。

自由時間の使い方に貴賤なし！

第2章で、「時間は夫婦の共有財産である」とお伝えしました。では、どうすれば夫婦がお互いに「自分たちは時間をフェアにやりくりしあってる」と思えるのでしょうか。ここではあるご夫婦の話が参考になります。

夫婦ともにフルタイムの共働きである金子（仮名）ご夫妻。

おふたりは、お互いの自由時間の量に気をつけていると言います。夜の寝かしつけは日替わりで交代制。朝夕の送り迎えもできるだけ交代制にしていました。どうしても都合がつけられないときも「貸し」としていて、別の日にまかない合うようにしているそうです。夜に飲みに行ったりするのは、できるだけ自分が寝かしつけのない日に調整。夫は休日に趣味の自転車で出かけることがあるそうですが、お互いに調整しながら妻もジム通いの時間を確保しているとのこと。

自由時間の中身については、ほとんど干渉しないようにもしているそうです。無関心ということではなく、たとえば仕事や勉強のような予定は、遊びや趣味に比べて優先されがちです。もちろんそういうときもありますが、仕事や勉強だからといって、相手の遊びや趣味の時間よりも優先されて当然とは思わないように気をつけているとのことでした。

それがどんな時間の使い方であれ、それぞれに大切な時間です。とくに、自分が関心のない趣味はどうしても無駄に思ってしまいがちです。でも、人に迷惑をかけるようなことでなければ、夫婦であってもとやかく言われる必要はないはずです。

「夫は仕事で忙しいのに、自分ばっかり趣味の時間がほしいなんて言えない」「妻は育児で大変なのに、趣味を復活させたいとは言い出せない」そんなふうに我慢してしまっているご夫婦もたくさん見てきました。

たしかに、何でもかんでも自由にとはいきませんし、どうしても自由時間が少なくなってしまう時期もあるでしょう。しかし、お互いがフェアに自由時間を分け合っているのなら、その時間に何をしてもそこは尊重し合うべきではないでしょうか。

逆に「仕事や勉強が最優先」「育児中だから他のことは我慢するべき」と、一直線にのめり込んでしまうと、夫婦の関係性もずいぶんとギクシャクしたものになってしまいます。

時間感覚の溝を埋める「パラレル家事」

では、この「時間の不公平感」と「非効率な家事シェア」の両方を解消していくための実践をしていきましょう。

この不公平な時間感覚の溝に悩む方は「仕事等で、時間を調整することがそもそも難しいんだ」という悩みを抱えているはずです。そして、仕事を調整するとしても、明日からすぐに定時で帰れるようになるわけでもありませんね。そんな時間がない方にこそ効果的なのがパラレル家事です。

パラレル家事とはひと言でいえば「○○していないほうが、○○する」というルールで家事を同時に行うことです。

ただそれだけのメソッドが、なぜ有効なのでしょうか。理由を知った上で実行するのと、知らないままなんとなく実行するのではその意味も応用力も違ってきます。

パラレル家事が不満を解消する

家事をする人が一番腹が立つのはどんなときか、考えたことはあるでしょうか？

それは自分が一生懸命家事をしている横で、ヒマそうに自分の時間を満喫している家族の姿を目にしたときです。

朝早く家を出なくてはいけないパパに「家族の朝ご飯をつくってから家を出て」とは思わないですし、夜11時に帰ってきたパパに「部屋の掃除してから寝て」とも思いません。無理せずに休んでほしいと思うものです。

でも、休日にママが掃除や洗濯をしている横で、ヒマそうにTVやスマホを眺めている姿を目にした瞬間、不満が爆発するのです。これは、当然パパとママが逆転しても同じです。

じつはこの事実が、チーム家事において欠かせない重要ポイントとなります。

家事育児シェアのイライラの原因には、「負担」と「不満」の2つがあります。
「負担」とは、いわゆる手間のことです。片付けるのが面倒くさい、食器を洗うのが大変、毎日毎日ご飯の準備をするのが嫌になる。この負担を軽減するための手法は、「家事代行業者に外注する」「便利家電を使う」「時短家事で工夫する」などいくつかあります。

この「負担」はわりと家族からも見えやすい負荷なので、パパが「ママを助けるために家事をしよう」と思う場合、この「負担」をどうやったら軽減できるかばかりに目が向いてしまいがちです。「食器洗いがつらいなら、食洗機を買おうか？」などがそうです。

ところが、家事シェアとは難しいもので**「負担」だけを一生懸命軽減させても、イライラがすっきり解消するものでもない。**その理由がもうひとつの原因「不満」にあります。

「不満」とは、いわゆる不公平感のことです。あれもこれも自分ばかりやっていて、指示をすればやってくれるかもしれないけど、逆を言えば指示をしないと誰も何もしてくれない。**こうした「不満」は家事代行を頼もうと、便利な家電を購入しようと解消されることはありません。**なぜなら、イライラの矛先は「チームメンバーである家族」に向いているからです。

ここでお伝えするパラレル家事は、この「負担」と「不満」の解消にぴったりの方法です。完全に5：5で家事育児をシェアすればいいということではありません。重要なのは、数値的な分担割合よりも、お互いを尊重し合う気持ちです。

パラレル家事のやり方

では、改めてパラレル家事のやり方について解説します。

パラレル家事とは「○○していないほうが、○○する」というやり方で家事をシェアする方法です。

たとえば「料理をしていないほうが、お風呂の準備をする」「部屋の掃除をしていないほうが、子どもを連れて買い物に行く」「洗濯干しをしていないほうが、水回りの掃除をする」など。組み合わせは自由です。

パラレル家事のよいところは、お互いにやることを決められるためとてもフェアな気持ちになる点です。先程紹介した「家事をしているときに、暇そうにされてると腹が立つ！」のイライラを一発で解消することもできます。

さらに、家事シェアをルーティン化しやすいのも魅力です。いちいち指示を出すのは結構大変ですから、パラレル家事を使ってルーティンにしてしまえば、いわゆる「言われなくても家族が自立している状態」を簡単につくり出すことができます。

では、以下にもう少し細かなポイントをご紹介します。

つねに「同時」じゃなくてもOK

「必ず同じタイミングでやらなければいけないですか？」

これはパラレル家事を考えるときによく聞かれる質問です。

人にはそれぞれの生活リズムがあったり、体調や気分の良し悪しもある。家にいるときくらいは、そんなにきつく自分を律していないで、ゆるやかに家事をしたい。そ

の気持ち、よくわかります。

結論からお伝えすれば、「同時じゃなくても全然ＯＫ」です。

大切なのは、**家事育児ミッションを一緒にクリアしていくことであり、同時にクリアすることではありません。**


たとえば「部屋の掃除をしていないほうが、洗濯をする」というパラレル家事を決めたとします。もちろん同時に行うこともできますが、時間差があっても構いません。お互いが同じように家事に取り組んでいるという公平感は変わらないはずです。

また、「妻が料理をしている間は、休憩時間にしたいのですが、それってやっぱりダメですか？」と聞かれることもあります。これも全然ＯＫです。休憩時間は家事ではないと思うかもしれませんが、これにもうひとつパラレル家事を追加して、こういう組み合わせにすればいいのです。

「料理をしていないほうは、自由時間にする」

「食器洗いしていないほうは、自由時間にする」

これを合わせて**「料理をしていない人が、食器洗いをする」**とすれば、料理中に相手がのんびりＴＶを見ていても嫌な気持ちにならずに済むでしょう。

もっともよくないのは「黙って休憩していること」です。「後で食器洗いしようと思ってたんだよ」と言うのはただの言い訳にすぎません。お互いに合意が取れていることで、初めて不公平感を覚えずに済むのです。

メインの家事をしている人をサポートするのも効果的

小さなお子さんがいるご家庭だと、家事をしているときにお子さんが邪魔をしてくることもあります。そこでいちいち手が止まってしまうと、終わるものも終わりません。なので「料理をしていないほうが、子どもの相手をする」などは、効果的なパラレル家事です。

このパラレル家事の目的は、料理している人の邪魔をさせないことです。なので、適当に子どもの相手をして「ママー！」と料理している人に向かって行っては意味がありません。これから食卓を並べるのに、ダイニングテーブルを散らかしまくって遊んでいてもダメ。夕飯を気持ちよくみんなで食べるというミッションに向けて、しっかりと子どものお世話をしなくてはならないのです。

チーム家事スタイル別、パラレル家事の取り入れ方

チーム家事スタイル別に、このパラレル家事を取り入れるコツをご紹介します。ぜひ自分たちのスタイルに合わせて行ってみてください。

・シュフ型

シュフ型の場合は、シュフがヘルパーにお願いをする際にパラレル家事を意識して取り入れてみましょう。「掃除している間に、子どものオムツ替えとミルクお願いね」というように。

・担当型

担当型の場合は、担当を決めるときにパラレル家事を意識するといいでしょう。

「料理をしていないほうが、食器洗いをする（料理担当と食器洗い担当）」

「洗濯物を畳んでないほうが、洗濯物を片付ける（畳み担当と洗濯片付け担当）」

「子どもをお風呂に入れてないほうが、上がった子どもの身体をふいて着替えさせる

（子どものお風呂入れ担当と入浴後の子ども受取担当）」など。
様々な組み合わせを考えてみてください。

● ハイブリッド型
担当が決まっている家事に関しては担当型を、決まっていない家事に関してはシュフ型を意識しながら取り入れてみましょう。

● 自律型
自律型の場合、パートナーが何か家事をし始めたら自分も意識的に家事育児に取り掛かる意識を持つといいでしょう。「自分ばっかり気がついてる」という不満感を減らすことができるため、自律型がとてもスムーズに回るようになります。

このように、たとえ同時にパラレル家事を行わなくても、自由時間をフェアに分け合って家事育児を進められれば、納得感の高い家事シェアができます。

「段家事」でピークタイムを制する

パラレル家事は「限られた短時間の家事シェア」をする方法でした。ですが、チームとして助け合う関係を深めるためには、もうすこし長いレンジで家事シェアの段取りができるといいでしょう。それが、これからご紹介する家事シェアの段取りを決める「段家事」という方法です。段家事の「段」はまさに「段取り」のこと。ただ、この段取りとはいわゆる「料理をするときは材料を切ってそろえてから～」というような個人でやる段取りではありません。

「段家事」とは、ある時間帯の中でやらなくてはならない家事を、家族で協力し合いながら終わらせるための段取りをすること。まさに家族がチームとなるための段取りの方法です。

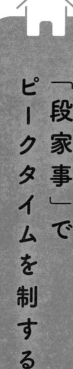

段家事をするためには「家事の流れ」を夫婦で共有しておくことが欠かせませんが、143ページでもお伝えしたように、細かいプロセスまで共有したくなってしまう点に注意が必要です。共有すべきは、もう少し大きな流れです。

家事とは、単発のタスクではなく「流れのあるプロジェクト」です。その流れは、数時間という短い期間から1か月、1年という長い期間までつながるものもあります。でも、多くの場合、家事の担い手であるママ（パパ）しか家事の流れを把握できていません。事細かにすべてを共有し合う必要はありませんが、大きな流れだけでも理解しておくと、どのタイミングで何をすればいいかをイメージしやすくなります。

この流れを把握していないことで大問題になってしまうことがあります。それが、**「妻をよろこばせようと思って、こっそりやっておく」サプライズ家事**です。

「必要かと思って洗剤買っておいたよ」「いや、さっき注文したんだけど……」

「今日は早く帰れたから、食事つくっておいたよ！」「ありがとう、でも刺身買ってきちゃった……」

このように、せっかく「よかれ」と思って家事をして、助けになると思っていたのに、なんならちょっと迷惑がられてしまう。

こうしたことが続いて「家事をしても怒られる。しなくても怒られる」なんて悲しい気持ちになっている夫の多いこと。

ここで誤解してはいけないのは「それじゃ、やっぱり家事は妻の言いなりになっていたほうが安全だな」という丸投げ思考。そうじゃないんです。大事なのは「流れ」をお互いにしっかりと把握し合うことなのです。

家事育児のピークタイムは朝晩の6〜9時

家事育児は、24時間忙しいわけではありません。子どもを預けて仕事をしている間は家事育児をしていない時間となるからです。その分、忙しい時間がギュッと圧縮されます。

共働き子育て家庭の場合、朝起きてから家を出るまでの2〜3時間・帰宅してから

家事育児のピークタイム

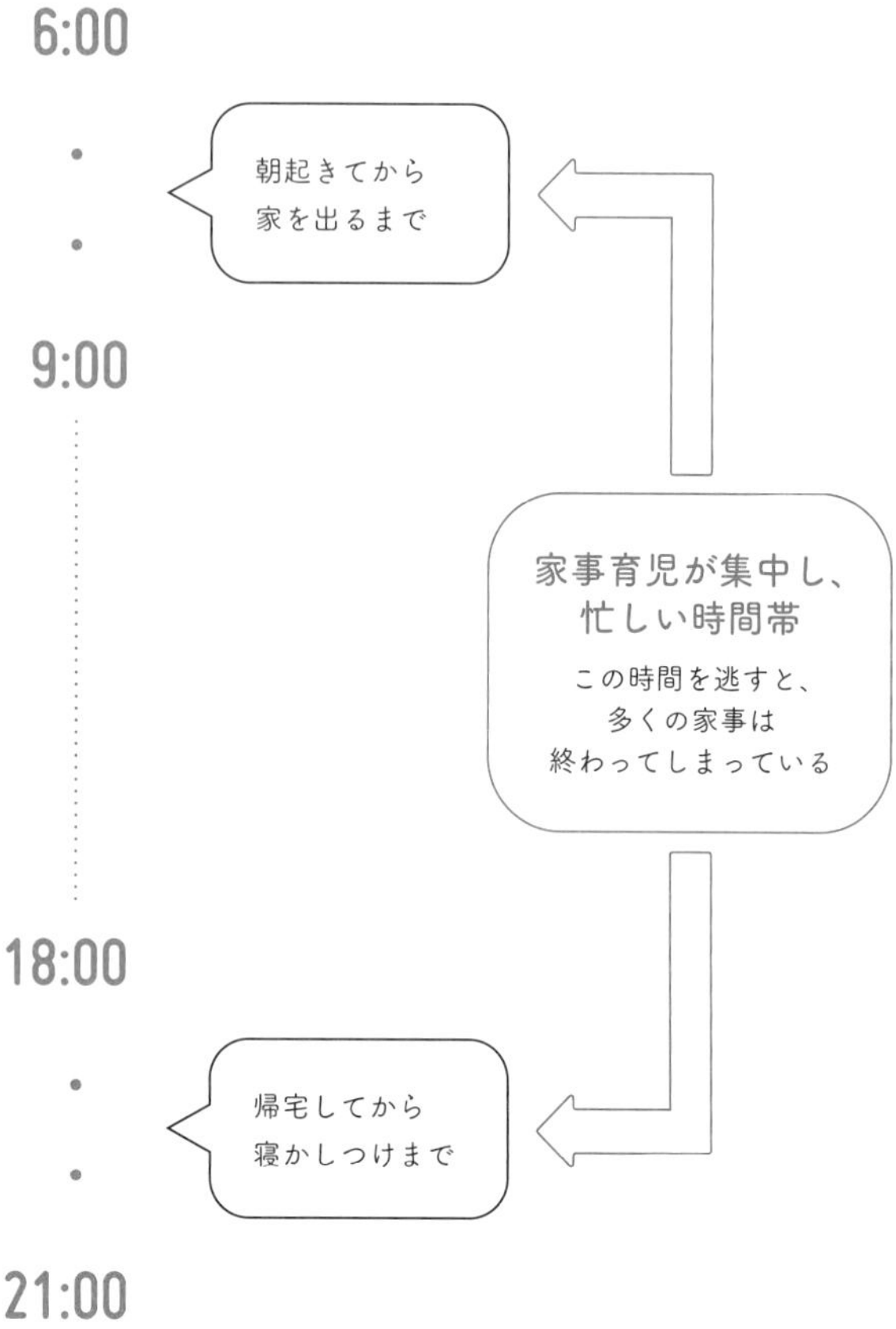
6:00
朝起きてから
家を出るまで
9:00
家事育児が集中し、
忙しい時間帯
この時間を逃すと、
多くの家事は
終わってしまっている
18:00
帰宅してから
寝かしつけまで
21:00

寝かしつけまでの2〜3時間。ここにあらゆる家事育児が凝縮されがちです。この朝晩の6〜9時を**家事育児のピークタイム**と呼んでいます。

たとえば、22時過ぎに帰ってきたパパは意外とやるべき家事育児が残っていません。なぜなら、緊急度の高いことは、そこまでにほぼ終えてしまっているからです。

このピークタイムを夫婦でどうやって乗り切るか。この時間を踏まえたうえで家事育児シェアの話をしなければ、家事シェアの話はうまく進んでいきません。

ひとつ事例をご紹介します。

営業の仕事をしていて、どうしても夜の会食が多くなってしまうというパパさん。でも彼は夕方のピークタイムにこそ人手が必要だと感じていたのです。そこで会社のフレックス制度を利用して夕方早めに帰宅して妻と一緒に家事育児をこなし、一段落した19時頃から会食に出かけるようにしました。

こうした工夫をすることで、夫婦で家事育児の大変さを補い合っているのです。家庭も仕事もどちらも大切にしたいという思いが導き出した方法です。

何をすれば助かるかにこだわるよりも、**いつ家にいられるようにすればいいか**を工夫するほうが、助けになるのです。これは仕事と同じで、忙しい時間帯にこそ人手が必要になるのは当たり前と言えます。

ゴールから逆算して、やるべきことを考える

中には「いつまでやっても家事が終わらない」と苦しんでいる人もいます。やってもやっても家事が生まれ、赤ちゃんが泣けば家事は進まないし、どうしても手が回らない……。

一方で、同じような状況でもサササッと家事を終わらせてしまう人もいる。こういう人は家事のスピードが並外れて早いのでしょうか。みんなが知らない特別な時短技を駆使しているのでしょうか。そうではありません。

家事が早く終わる人と、そうでない人の大きな違いは、「**逆算思考**」です。

家事が早い人は、自分なりのゴールが決まっているのです。

ゴールから逆算する

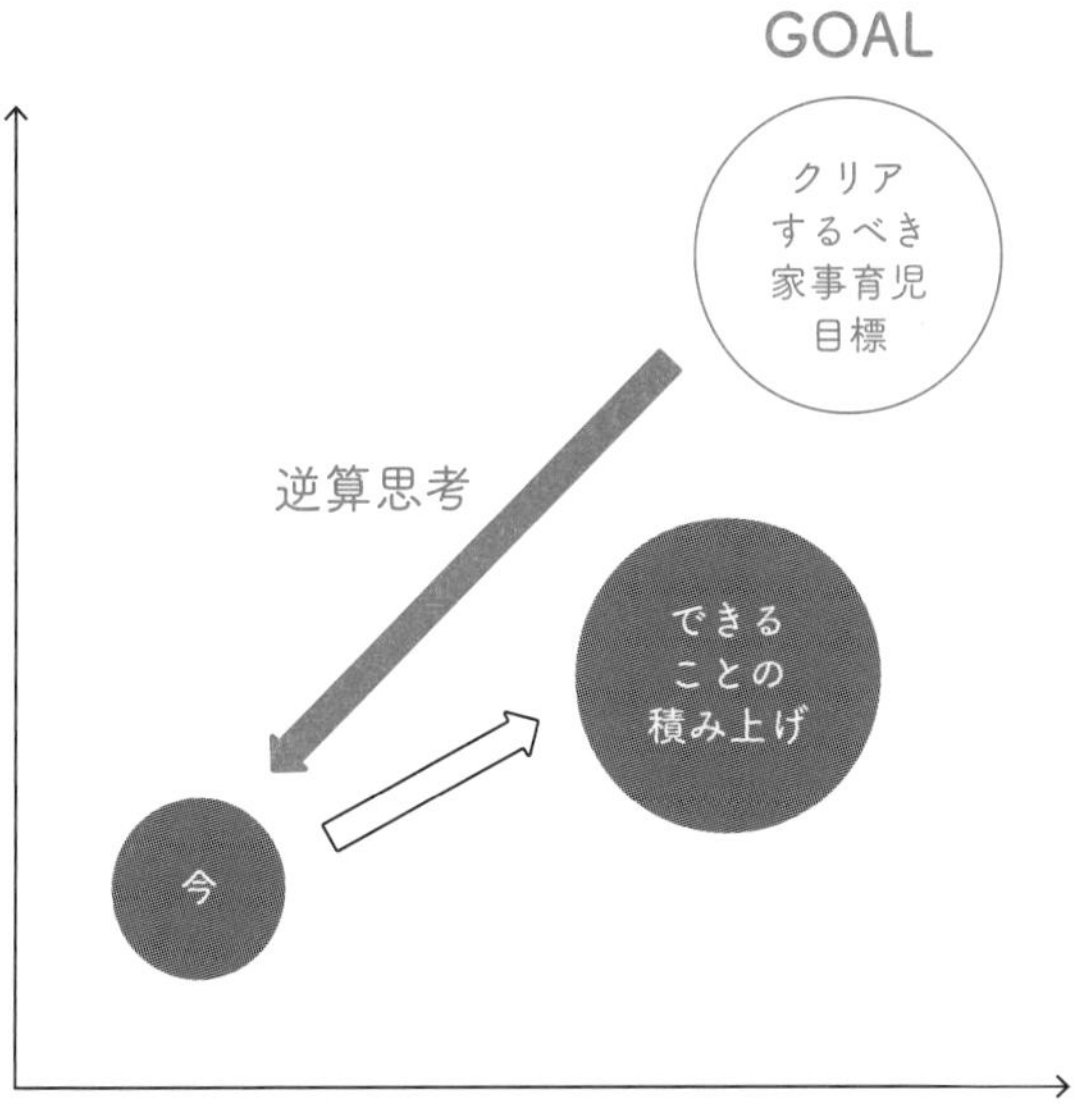

できることを積み重ねてはキリがない！
家事育児のゴールを決めて、
そのためにやるべきことを優先しよう。

「家に帰って10分くらいで夕飯を食べ始めたい」と決めているから、買い物をするときに「10分で食べ始められるもの」を探して準備します。ところがその目標がない人は、なんとなく食べたいものや特売になってるものから選びます。いつまでに食べ始めるという目標がないので、出来上がった時間が食べ始める時間になる。それが30分かかるのだとしたら、すでに20分もの差が生まれることになります。

家事は、「できること」や「やろうと思ったこと」をその都度積み上げていてはキリがありません。家事が早い人がよく言う「そんなにがんばらなくていいんだよ」とは、適当にやらない家事を決めるのではなく、目標達成に関係ない家事はやめてしまうことなのです。

段家事のポイントは**家事のゴールを決めて、そこに向かってやるべきことをクリアしていく**ことです。

「段家事」5つのステップ

それでは、実際にピークタイムの家事育児をシェアする「段家事」をしていきましょう。

うまく段家事ができると、家族で強い達成感を感じることができます。なぜなら、段家事は**「目標達成を目指して、家族で協力しながら家事育児をクリアしていくゲーム」**だからです。

家事育児を目標時間内にコンプリートして、家族で顔を見合わせて「やったね！」と言い合える。家事育児をやることにそんな達成感を味わったことがありますか？　それが実現できるのが今からご紹介する段家事です。

少しでもやりやすいように、ワークシートもご用意しました。必要な方は巻末の特典ページからダウンロードして、利用してみてください。

チームファミリー家事フローシート

朝家事ゴール	① 時間内に遅刻せずに出発できる ② 夕飯を作れるシンクの状態にする ③ 部屋の床に物が落ちていない

ゴールに向けて必要な家事育児タスク	夫	妻	子	時	分		夫	妻	子
料理	夫	妻	子	6	0				
朝食づくり	☑	☑	☐		5				
夜ご飯仕込み	☑	☑	☐		10				
	☐	☐	☐		15				
	☐	☐	☐		20				
	☐	☐	☐		25				
	☐	☐	☐		30		起床		起床
	☐	☐	☐		35		朝食づくり		身支度
	☐	☐	☐		40			起床	
	☐	☐	☐		45			身支度	
	☐	☐	☐		50				
掃除	夫	妻	子		55				
食器洗い	☑	☑	☐	7	0				朝食
ゴミ捨て	☑	☑	☐		5				
掃除機	☐	☑	☐		10				
	☐	☐	☐		15		身支度		
	☐	☐	☐		20			食器洗い	
	☐	☐	☐		25				
	☐	☐	☐		30				出発
	☐	☐	☐		35				
	☐	☐	☐		40		ゴミまとめ	ゴミまとめ	
	☐	☐	☐		45		出発		
洗濯	夫	妻	子		50			ブレイクタイム	
洗濯洗い	☐	☑	☐		55				
前日の取り込み	☐	☑	☐	8	0			出発	
	☐	☐	☐		5				
	☐	☐	☐		10				
	☐	☐	☐		15				
	☐	☐	☐		20				
	☐	☐	☐		25				
	☐	☐	☐		30				
	☐	☐	☐		35				
育児	夫	妻	子		40				
朝食	☑	☑	☑		45				
	☐	☐	☐		50				
	☐	☐	☐		55				
	☐	☐	☐						
	☐	☐	☐						
	☐	☐	☐						
	☐	☐	☐						
	☐	☐	☐						
	☐	☐	☐						
その他	夫	妻	子						
夫身支度	☐	☐	☐						
妻身支度	☐	☐	☐						
子身支度	☐	☐	☐						
	☐	☐	☐						
	☐	☐	☐						
	☐	☐	☐						
	☐	☐	☐						

巻末の二次元コードからエクセルファイルをダウンロードできます

ステップ1　時間帯を決める

まずは、どの時間帯の家事シェアをするかを決めます。

平日の朝、平日の夕方以降、だけじゃなく休日でも構いません。夫婦（家族）が一緒にいる時間帯を選びましょう。

ステップ2　どうなっていたいかを共有する

このステップ2が段家事の成否を分ける大事な部分。**「その時間帯が終わったあと、どうなっていたいか」**を一緒に決めることです。

これはゴールの旗印を立てるという意味があります。段家事は、いわば時間内にこのゴールの旗を目指して協力し合うゲームです。

旗印を立てることには、次のようなメリットがあります。

- なぜこの時間にやらなくちゃいけないかわかる
- やるべき家事をチョイスする基準がわかる

- サポート側も、言いなりになるだけでなく自分で考えて動きやすくなる
- やるべきことを絞り、チームでちゃんと達成を目指せるようになる

とくにピークタイムにやるべき家事育児を厳選することで、この時間帯の負荷を軽減させることができます。平日の朝・夕に終わらない家事は、週末にまとめたり頻度を下げたりすれば時短にもつながります。

それでは、どうやってゴールを決めるか。

ポイントは**「家（家事）の状態」**と**「気持ちの状態」**です。

【例】朝家事：家を出るとき、どんな気持ちや家の状態でありたいか？

- やり残しなく、さっぱりと仕事に向かえるように（気持ち）
- 洗い物を残さず、帰ったらすぐに夕飯の準備ができる状態（家の状態）
- 慌ただしく家を出るのではなく、ゆとりを持って出発したい（気持ち）
- 家の中に脱ぎ散らかした洗濯物がない状態がいい（家の状態）

- 洗濯物を帰宅後にすぐ干せるように予約ができている状態（家の状態）

【例】夜家事：寝かしつけ後、どんな気持ちや家の状態でありたいか？

- 寝かしつけ後は、家事じゃなくて自分の時間をゆっくりと過ごしたい（気持ち）
- テーブルの上に物が何も乗っていない状態（家の状態）

お互いに目指したい気持ちや家の状態を書き出せたら、見合わせてみましょう。べつにうまい文言にまとめる必要はありません。とくに矛盾しないようであれば、それらを全部目標に据えてもいいですし、わかりやすいようにまとめたければしぼってもいいでしょう。

ステップ3　家事育児タスクの洗い出し

次は、先ほど考えた目標を旗印に、その「気持ち」「家の状態」になるために何をすればいいか、その時間帯にゴールを達成するために必要な家事育児タスクは何かを洗い出していきます。

ここでのポイントはふたつ。では、それぞれ説明していきます。

①目標達成に必要なタスクだけにしぼる

まずは、現在行っている家事育児タスクを思い出しながら書き出してみましょう。さらに目標達成に向けて追加したい項目があれば、それも加えていきます。一旦、膨らませるだけ膨らませておいてから、次に目標達成に関係なさそうなタスクを削っていきます。

たとえば「洗い物を残さず、帰ったらすぐに夕飯の準備ができる状態」を目指すなら、洗い物の時間を考慮して朝食は7時15分までに食べ終えたい↓7時までに朝食を完成させる↓6時45分にはつくり始める、というように逆算していくことでやるべき家事育児が見えてきます。

②タスクを細かくしすぎない

ゴミ捨てをタスク分解すると、「ゴミの日チェック」「ゴミを各部屋から集める」「ゴミ袋をゴミ箱に再設置する」などに分けられます。しかし、これを全部書き出していたらキリがありません。よほど担当者を分けたい場合（ゴミを集めるのはママ、ゴミを捨てに行くのはパパなど）を除いて、ある程度大きくまとめて書き出します。

そのときのちょっとしたコツとして、**家事の最終状態をタスクにする**といいでしょう。ゴミ捨てであれば「ゴミ袋をゴミ箱に付け替える」としておきます。そうすると「ゴミ箱に付け替える」には「ゴミを捨てる」が最低限含まれます。

食器洗いも、「食器洗い」じゃなくて「洗い終わった食器が全部しまわれた状態」とすれば、拭いてしまうまでタスクに含むことができます。

このように、最終的にしておきたい状態をタスクにすることで行き届いた家事ができるようになります。

ステップ4　パラレル家事の要領でタスクを振り分ける

目標達成に向けて必要な家事育児タスクが洗い出せたら、いよいよそれらを振り分けていきます。

このときに取り入れたいのがパラレル家事の要領です。なんとなく得意・不得意だけで分けていくと、あいかわらずひとりに負荷がかかった段家事ができあがってしまうこともあります。ですが「○○していないほうが、○○する」というパラレル家事の考え方を取り入れると、フェアなシェアができます。

「朝ご飯をつくっていないほうが、その間に子どもの身支度をしよう」

「子どもに朝ご飯を食べさせていないほうは、自分の身支度を終わらせる」

このように、誰かが何かをしているときに、別の家族も動くようにします。

さらにパラレル家事でタスクを振り分けることのメリットはもうひとつあります。それは、役割が逆転してもやりやすいこと。

「朝ご飯をつくっていないほうが、子どもの身支度をする」というパターンが家族の中で習慣化されていれば、どちらが朝ご飯をつくっても、もうひとりは子どもの身支度をすればいいとわかります。

もちろん、頑なに全部の家事タスクをパラレル家事で振り分けなくても大丈夫。そこはお互いにとってやりやすい方法を話し合ってみてください。

ステップ5　納得がいくまでトライアンドエラーを繰り返す

段家事を一回つくってみたものの、思っていたように進まないことも多いでしょう。そうしたら、その都度改良を重ねていきます。思ったより朝食づくりに時間がかかるのがわかれば、もっと簡単にできる朝食を考えるか、少し早く起きるか、他の家事育児タスクを削って調整するか。色々と改良の方法はあるはず。

やみくもに時短家事を取り入れたり、なんとなく便利そうなアイテムを使ったりすることが、必ずしも家事の改善に役立つとは限りません。

大事なのは、改善すべきポイントを理解した上で、そのために必要な技やアイテムを駆使すること。一度家事の流れを書き出して、家族でシェアすると、課題点が明確にわかるようになります。課題がわかっているから、改善ができる。これは、家事でも仕事でも同じことかもしれません。

毎日のピークタイムを快適に乗り切るには、ピークタイム中になんでもかんでも家事育児をやろうとしないことも大事です。ピークタイムから少しずらすことで時間的な余裕が生まれます。もしどうしても回らない、時間が足りないという場合は週末にまとめてやることなどを検討してみましょう。

ピークタイム以外の家事を段家事する

家事には、3つの頻度があります。頻度別に家事を振り分けておくと、頭の中をすっきりさせることができます。

①日別家事（時間毎）：毎日行う家事（ピークタイムにやっている家事）
②週別家事：週1～2回行う家事（つくり置き、しっかり掃除など）
③月別家事：季節ごと、月ごとに行う家事（衣替え、イベント、大掃除など）

やるべきことに追われている気がするのは、いつどのくらいの頻度でやるかが曖昧になっているせいでもあるのです。

日別家事を認識し、「今日やることは終わらせた」という達成感の中で眠りにつけば、気持ちいい毎日を送ることができるのは間違いありません。

では、ここからは「②週別家事」と「③月別家事」をどう管理していくかをお話しします。

週別家事の段家事

毎日の家事だけで家事がすべて終わるのならいいのですが、それだけでは回っていきません。毎日やらなくてもいいけれど、掃除機がけ、つくり置き、布団干し、排水溝掃除など、週1〜2くらいでやりたい家事もあります。

家事の頻度はそれぞれの生活習慣なので、掃除機がけを毎日やるという家庭もあれば、週1や月1という人もいるでしょう。それらの頻度について、どのくらいが適正なのかはここでは論じません。

ただ、日別家事を段家事した際に、どうしてもピークタイムに収まりきらない家事育児があることがあります。そうしたものに関して、無理に毎日やろうとすると、結局楽にはなりません。10分かかる家事を5分に短縮して、浮いた5分で違う家事をやろうとすると、慌ただしい毎日になってしまいます。

時短家事で浮いた5分は、他の家事をやるのではなく、ぜひ自分のための ゆとりの時間にしてください。

では、週別家事を管理する、2つの方法をお伝えします。

①週末家事時間を決めて、その時間に家族みんなで終わらせる（シュフ型的手法）

こちらは「土曜日の午前中はみんなで家事する時間」などと決めて、そこで掃除や洗濯などを行います。言ってみれば、意図的にピークタイムをつくり出す手法です。

この場合は、平日の段家事と同じように、決めた時間の中でパラレル家事をして一緒にゴールを目指すのもいいでしょう。

②担当を決めて、自分ができるタイミングで終わらせる（担当型的手法）

こちらは、担当した家事を週末中に、各々のタイミングで終わらせるやり方。この場合、家事タスクがちゃんと終わったかどうかを確認し合う時間を設けるといいでしょう。

日曜日の夕食前後でもいいですし、ゆとりを持って日曜の朝に確認しあうのもありです。早い段階で確認しあえば、家事が終わっていない場合でもその後フォローすることができます。

月別家事の段家事

長いスパンで行う家事も、結構あります。衣替えや大掃除はその代表的な家事。他にも季節ごとの行事や、子どもの運動会などもあります。

月別家事は、週別家事と比べて手間がかかることが多いです。

そのため、**日にちをあらかじめ決めておいて、その日に家族で取り組む**ほうが、先延ばしを防げるでしょう。

わが家では、冷蔵庫掃除も月別家事として入れています。毎月冷蔵庫の食材をほぼ空っぽに食べきり、庫内をざっと拭き掃除。そうすると、消費期限切れの食材や使わなかった小袋調味料のストックも管理できるのでおすすめです。

他にも、物の量を見直す「大お片付け」も月に1度行っています。子どものおもちゃや溜まった書類などを定期的に見直して処分するので、物が溜まりにくくなります。

この冷蔵庫掃除や大お片付けは、毎月第4土曜日の午前中に行っています。ただ、その日に予定が入ってしまった場合は午後にしたり、日曜日にずらしたりしますが、基本の予定としてカレンダーに組み込んでしまっています。

Chapter

4

第4の溝
夫婦対話の溝を埋める

夫婦コミュニケーションを変える

いよいよチーム家事を妨げる最後の溝、「夫婦の対話」について考えていきましょう。シンプルに言い切ってしまえば、「健全なコミュニケーションができる家族は、問題の多くを一緒に解決することができる」のですが、夫婦のコミュニケーションが常に健全で、前向きであり続けるのはなかなか難しいでしょう。そもそも「コミュニケーションをすること自体が難しい」というケースもあります。

僕が受けている家事シェアの相談の中でも特に多いのが「パートナーと家事シェアの話なんてできません」というもの。講座後に「パートナーにも聞いてほしかった」と一緒に参加できなかったことへの後悔を口にされる方もいらっしゃいます。

また、夫婦での家事シェア相談を聞いている最中にも、お互いがよかれと思って話しているのに、どんどんすれ違っていってしまうケースはよくあります。そんな現状にもやもやとしながら「パートナーをどうやったら変えることができるのだろうか」とお互いに悩んでいるのです。

簡単に人を変えられるコミュニケーションの魔法があれば、誰だって知りたいですよね。けど、やはり家族であっても他人を変えるのは難しい。むしろ家族だからこそ、より難しいのだろうと思います。では何であれば「変えられる」のでしょうか。

それは**「環境」**と**「自分自身」**です。「環境」とは、家庭内でいえば文化やルールです。家庭の外でいえば属するコミュニティや友人などです。「自分自身」とは、自分の中にある価値観や言葉、行動です。これらを変えるにも時間や労力がかかるでしょう。でも、他人を変えるよりはよほど自分の意志で変えやすい。

そして、忘れないでほしいのが、自分は相手にとって「環境の一部」だということです。環境が変わることで、人は変わっていきます。**自分という環境が変わることは、**

家族によい変化をもたらす一要因となりえるのです。

僕が運営している片付けコミュニティでは「パートナーや子どもが片付けてくれない」と悩む人もたくさんいます。ですが、自分自身が一生懸命片付けに取り組み始めたことで、「自分もやってみようかな」「ママ、最近お部屋がすごくきれいになったね！」と家族の意識が変わるケースがよく見られます。これまで「片付けてよ！」とどれだけ言い続けても変わらなかった家族の意識が、ほんの少し、変化の兆しを見せ始めるのです。こうした事例は身のまわりにたくさんあるはずです。

この章でお伝えする「夫婦対話の溝に架け橋をかける方法」は、家族や相手を自分好みに変える方法ではありません。ですが、自分自身と環境を変えていくためのヒントになるはずです。そしてその変化はより健全なコミュニケーションを家族にもたらしてくれるようになるでしょう。

コミュニケーションには「会話」「対話」「議論」がある

コミュニケーションと言っても、その内容は様々です。言葉のやり取りによるコミュニケーションは、「会話」「対話」「議論」の3つに分けられるでしょう。それぞれの言葉の定義もありますが、僕は次のように考えています。

- 会話：たわいもないやり取り。お互いの日々のこと、過去や未来のこと、どうでもいいやり取りを通じて、わかり合うためのコミュニケーション。
- 対話：共通のテーマについてお互いの意見を話し合うこと。共感したり、寄り添ったり、意見の違いを通して相手をより理解するコミュニケーション。
- 議論：お互いが違う意見で対立した際に話し合うこと。何かしらの結論を出すことが必要であり、そこに向けて行われるコミュニケーション。

どれも大切なコミュニケーションであり、必要に応じてそれぞれが健全に機能しなければいけません。

会話がどれだけ多くても、大切なことを対話したり議論したりするのは苦手という人もいます。自分が対話を求めているのに、相手にちゃかされて終わってしまうことが続くと「この人はちゃんと話をしてくれない」と思うときもあるでしょう。

また、何を話しても議論ばかりになってしまう人もいるかもしれません。お互いの意見の違いについてばかり話していても、疲れてしまうでしょう。

一方、子どものことや大切な話は向き合うこと（対話）ができるけど、何気ない会話があまりないという方もいます。大切なことを話し合えるのならいいのでは？　と思うかもしれませんが、本人は少しさみしさを感じていたり、子どもが巣立ったあと、ふたりの間にどんな共通の話題があるのだろうかと心配になったりすることもあります。


なかなかすべてをバランスよく、というのは難しいのかもしれませんが、こうして分解してみると、自分たち家族が充実しているところと、足りていないところがどこなのかをイメージしやすくなります。

この3つのコミュニケーションは、どれもその目的が違います。しかし、全部に共通しているのがコミュニケーションにおけるプロセスの重要性です。

夫婦のコミュニケーションはプロセスが重要

僕は、夫婦のコミュニケーションを「プロセスコミュニケーション」だと考えています。この言葉は僕が考えた造語ですが、**「家族のコミュニケーションは結論よりも、その過程（プロセス）にこそ意味がある」**という意味を込めています。

よく「女性の会話はオチがなくて意味がわからない」などと言う方がいます。こうした方はコミュニケーションとは結論を出すための手段だと考えているわけです。ところが、夫婦の会話というのは結論なんて大事じゃないことがほとんどです。また、結論が大事だと思われるようなことであっても、第三者からしてみたらどうでもいいことが多いものです。

たとえば、家事シェアの相談を受けていると「空のコップがテーブルに放置されていると、使い終わったのか、まだ使うのかわからなくて困る」と真剣にモメるケースがよくあります。また「バスタオルを複数回使うのか、毎回洗うのか」で信じられないほどの大喧嘩になったケースもあります。本人たちにとって「洗う側の気持ちになってほしい」「清潔感の違いが嫌」など大きな問題かもしれませんが、他人から聞いたら「どっちでもいいいんじゃない？」と思いませんか。

それよりも、その意見の違いが原因で夫婦の関係がどんどん悪くなっていってしまうことのほうが、よほど大問題です。つまり、結論を出すために相手を否定し、相容れないところを探し、指摘し合う。このプロセスこそが、問題なのです。

一方、大きな家族の問題に直面したときに、それをきっかけに家族の絆が深まるケースもあります。それは、議論の末に出した結論がベストだったからではなく、結論を導くためのプロセスの中で、お互いの信頼関係を深められたからです。

だから、夫婦のコミュニケーションを学ぶ上で大事なのは、どうやって相手を自分の思い通りにコントロールするかではなく、**コミュニケーションを通して、いかに信頼関係を構築していくか**なのです。

ここからは、「会話」「対話」「議論」それぞれのコミュニケーションのポイントと、健全な場のつくり方について説明していきます。

心地よい「会話」が、リラックスできる家庭をつくる

まずは自分の会話するときの姿勢をチェックしてみましょう。

□スマホを見ながら話している
□相手の話に反論ばかりしている
□相手の話に対してほとんど質問をしない
□相手の話をよくさえぎる
□自分の意見を言わない

この5つは、家族の会話がつまらなくなる要因と言えます。まずは自己採点だけで

もいいですが、意外と無意識にやってしまっていることもあるので、家族にチェックしてもらうのもおすすめです。チェックがたくさん付くと、なんだか申し訳ない気持ちになるかもしれませんが、これからその部分を意識して直していけばいいのです。

会話とは、日常的な小さなやりとりのことです。もう少し分解してみると、2つの役割があります。それは「ホウレンソウ」と「感情のやり取り」です。

- ホウレンソウ：報告・連絡・相談のこと
- 感情のやり取り：楽しかったことや悲しかったことなど、感情を伴ったやり取り

忙しくなってくると、夫婦の会話がホウレンソウだけで終わってしまうこともよくありますよね。明日保育園に持っていくものの確認、会食や残業のスケジュール確認、買う物や家計の報告など。どれも大切な情報交換ではありますが、これらについてはできるだけ自動化させてしまうのがおすすめです。こうした情報共有については、第2章でご紹介していますので、ぜひ参考にしてみてください。

会話がホウレンソウだけになってくると、だんだん会話の雰囲気が殺伐としてきます。なぜなら、言うべきことをただ伝えるだけでは、お互いの感情があまり伝わらないからです。ホウレンソウはできるだけ自動化してしまい、会話のもうひとつの役割である「感情のやり取り」に少しでも時間を使えるといいでしょう。

「感情のやり取り」がある会話とは、その場の空気感や雰囲気をみんなでつくり上げることと言えるかもしれません。かわされる内容は、明るい話でも、愚痴や悲しかった話でもいいのです。内容よりも、会話している時間を「よかった」と思えればいい。

しかし、一方的に感情を吐露されて、それを聴き続けるのはなかなかつらい時間になり、よい時間とは言えなくなってしまうでしょう。

アサーションという自己表現、コミュニケーションの手法をご存知でしょうか。67ページでも紹介した『夫婦・カップルのためのアサーション』（金子書房）から定義を引用します。

アサーションとは、「自分の気持ち、考え、欲求などを率直に、正直に、その場の状況に合った適切な方法で述べること」「他者の基本的人権を侵すことなく、自己の基本的人権のために立ちあがり、自己表現すること」です。一言で言えば「自分も相手も大切にする自己表現」です。

この本で述べられているように、コミュニケーションでは、お互いのことを大切にする自己表現がとても重要です。そのために必要なのは、「聴く」ことです。

家族コミュニケーションは「聞こえている」になりがち

聴くことについて書かれた本は非常に多く、聴くことへの関心が高まっていることがわかります。本書では、プロセスコミュニケーションという視点で「聴く」を紐解いていきましょう。

話を聴くとは、「相手が聴いてもらっていると思えている」状態になっていることです。**「聴いている」と「聞こえている」はまったく意味が違います。**

先ほど夫婦や家族のコミュニケーションはプロセスが大事だと言いましたが「聞こ

えている」というのは聴くプロセスをすべて無視し、「結果」だけを重視したコミュニケーションです。そのため、たとえ話の内容が伝わっていても、話した人は不愉快だし不信感を抱くことになってしまいます。

意識しなければいけないのは、たったひとつ、**「聴く姿勢を取る」**ことです。

べつに背筋をピンと伸ばして、正座をして話を聴こうということではありません。TVやスマホを見ながら「あぁ」とか「うん」とか言われたら、話している方は聴いてもらっていると思えるでしょうか？　もし今、ながら返事を10回しているのなら、5回は「相手のほうを見ながら聴く」「手を休めて相手と向き合ってみる」などしてみてください。

これは子どもも相手にも言えること。こちらが話しているのにゲームをしながら適当に返事をするようであれば、「それは人の話を聴く姿勢が取れてないね」と言いますし、逆に子どもから「パパ、ちゃんと話聴いて！」と（恥ずかしながら）言われることもあります。そうしたら、その都度お互いに向き合えばいいのです。「ああ、ごめんごめん。

ちゃんと聴くね」と言ったり、「いや、今は手を離せないから後にしてくれる？」と伝えたりします。

コミュニケーションの講座でも、「話している相手のほうに身体を向けて、話を聴いてみましょう」というワークを行ったりします。たったそれだけで、話し手は「すごく聴いてもらっていると感じた」と言います。わたしたちは、意識しないと、意外とうつむいていたり、外を眺めていたりと、「聞こえてはいるけど聴いてはいない」コミュニケーションをしてしまいがちです。そうした姿勢は、本人にその気がなくても、話し手はコミュニケーションが断絶されたような気持ちになってしまいます。とても簡単で、今すぐできることなので、少し意識してみてください。

話すとは「聴いてもらうこと」

聴くことが大切である一方、「話す」うえでも意識すべきことがあります。

それは、自分が話している間は話を「聴いてもらっている」ということです。一方的に話してばかりの人が問題なのは、おもしろくないからというよりも、聴き手のことを一切考えていないからです。

家族での会話はプロの話芸なんか求められていません。ただ日々のエピソードを共有したり、ちょっとした愚痴を言って慰めてもらいたかったりする程度です。だから、論理的な組み立てても、オチもなくたっていいでしょう。ですが**「聴いてもらっているんだ」という意識だけは見失ってはいけません。**

話している相手は、壁でも穴でもないのです。会話という時間を共有している相手であり、感情もあります。そのため、話をするときは、相手のことを少し観察しながら話をしてみてください。

まず話しかけるとき。相手が何かに集中していたり、忙しそうにしていたりするのなら、しっかり聴いてもらいたい話をしても、なかなか聴く態度を取ってもらえないのは当然です。たわいない、今日あったおもしろエピソードを伝えたいこともあるでしょう。そんなとっておきのネタだとしても、ドラマのクライマックス中に話しては、聴いてもらえないのも仕方ありません。

「話を聴いてもらえない」と嘆いている方の中には、相手を観察する意識がほとんどない人がいます。家族の会話とは不思議なもので「思いついたときが『言いどき』」となってしまうところがあります。でもそれは**言いたい人の都合であって、聴く側の都合を無視しています。**

そして、話し始めてからも観察することは大切です。聴き手の感情は、必ず態度や表情にあらわれます。一緒に笑いながら聴いているのか、しらけた表情で聴いているのか、TVをチラチラと見ながら聴いているのか。相手の聴く姿勢が崩れてきたときは、自分の話が相手に届いていないかもしれません。そんなときは、話題を変えたり、相手に「どう思う?」など投げかけたりするのもいいでしょう。

観察するには、やはり相手のほうを向いて話す必要があります。TVに向かって話しかけても、相手の表情はわかりません。相手の目を見つめながら話す必要まではありませんが、聴いてくれている相手のことを意識しながら話をしたほうが、ずっと話したいことが伝わります。

会話は、話をしているお互いにとって心地よい時間や場になることが重要です。そういった意味で、よい場にするために協力し合う最低限の姿勢はバカにできません。「家族だから」とついお互いを雑に扱ってしまいがちですが、雑に扱われたほうは、家族だろうと気持ちよいはずがありません。

会話している時間が心地よくなると、会話をせずに一緒に過ごしている時間さえもリラックスしたものになります。会話時間が長いほど夫婦の関係はよいという調査結果もありますが、単純に時間だけで測れるものではありません。口数が少なかったとしても、ともに会話している時間が心地よいものであれば、充分に円満だと言えるのではないでしょうか。

家族の対話が、それぞれの人生を充実させる

もしも家庭を大きな樹にたとえるなら、その樹に実るのは「家族それぞれの人生」という実です。その実は、仕事や夢や生きがいなどを象徴したものであり、大きく実るほど充実感にあふれたものになるでしょう。その実を大きく育むために必要なのが、「対話」という栄養です。

だから対話がうまくいかないほど栄養がかたより、対話がなければ家庭という樹は細く痩せ、それぞれの人生の実にも栄養が行き渡らない事態になるのです。

対話は、お互いの意見を言い合いながら、お互いの理解を深めていくコミュニケーションです。明確な線引があるわけではありませんが、雑談ではなく共通のテーマについて話し合うときは対話と言えるでしょう。

家庭は大きな樹

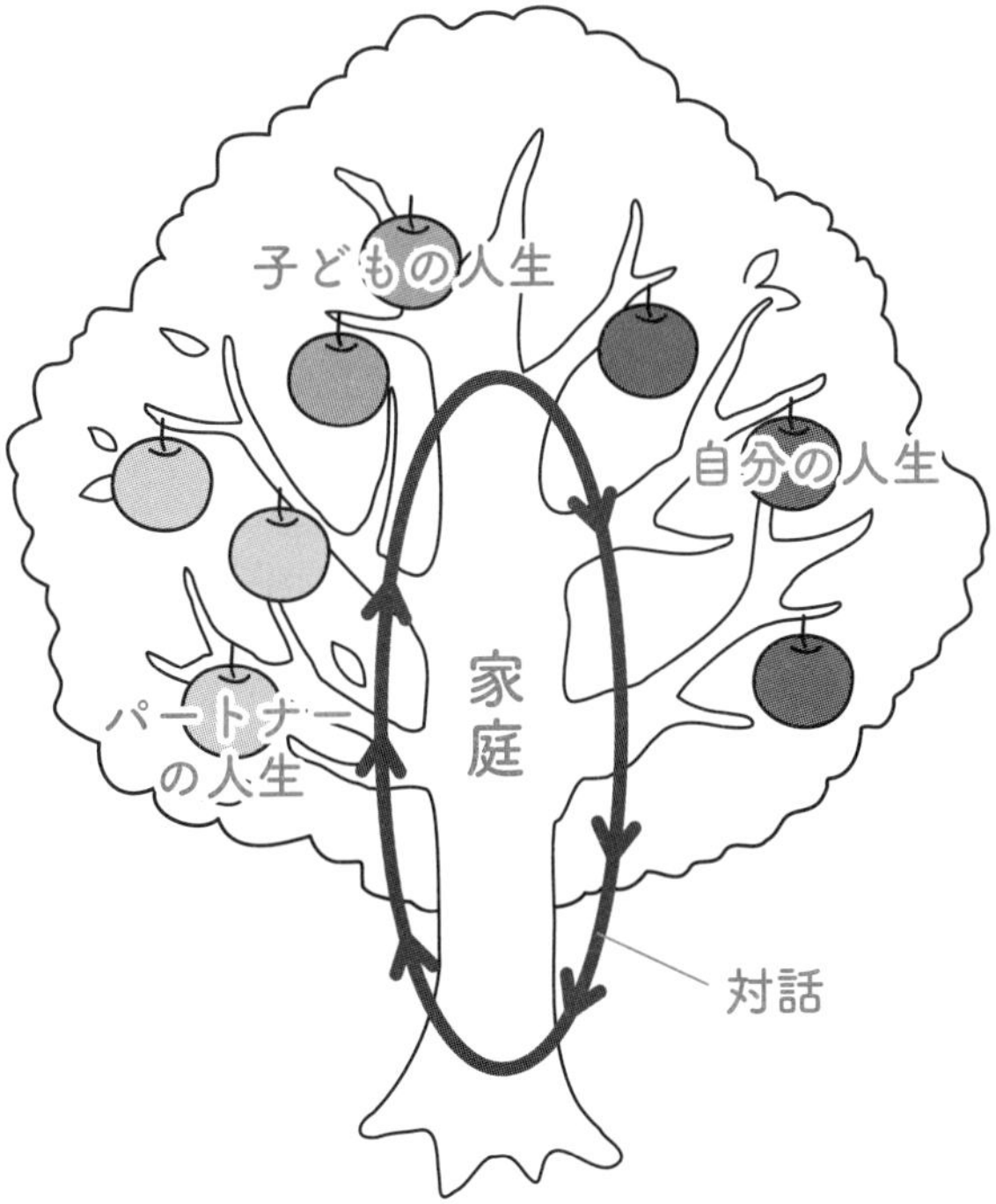

子どもの進学、家を買うかどうか、家事育児の分担、お互いの働き方やキャリアについてなど、ともに人生を歩んでいれば様々な話題が出てきます。こうしたテーマについて話し合うことは、問題を解決していくだけではなく、お互いの信頼関係を構築するきっかけとなります。

夫婦での話し合いというと、意見をぶつけ合って結論を出すことを目的にした「議論」を思い浮かべる方が多いかもしれません。しかし、いつも議論ばかりでは疲れますし、下手をすれば議論を通して関係性がどんどん悪くなってしまう事態も考えられます。だから議論ばかりではなく「対話」をしなくてはならないのです。

「お互いを理解し合うこと」を目指す

対話をする上で大切なのは「わたしたちのための家庭を一緒につくる」という想いです。対話とはお互いが対等な関係であり、信頼関係を構築していくためのコミュニケーションのこと。お互いの意見を戦わせて勝敗を決めるコミュニケーションとは違います。

「自分はこうだった」「自分はこれが正しいと思う」「普通はこうだ」「一般的にはこうあるべき」は対話のための材料にすぎず、最終的に目指すのは**「お互いを理解し合うこと」**です。これだけは忘れてはいけません。

対話のイメージは、険しい山の山頂を目指すトレッキングではなく、その道程を楽しむハイキング。山頂までたどり着けなかったとしても対話を通じて築いた信頼関係が、自分たちを次のステップへと進めてくれます。

対話の上で意見が違うこともありますが、何も悪いことではありません。かといって、違う意見を100%受け入れる必要もありません。ただ、価値観の違う相手に対して自分の意見が全部通るかと言えば、そうではありません。受け入れなくてはならないのは「自分の意見が受け入れてもらえるとは限らない」という部分です。

たとえば、夫は「家事育児は女性がやるべきだ」と思っていたとしても、妻は「家事育児は一緒にやるもの」と思っているかもしれません。そんな価値観の違いの中で自分の考える正解だけを押し通そうとすれば関係性が悪くなって当然です。そうしたときに、自分にとっても相手にとっても理解できることってなんだろう？　お互いの意見を尊重しながらそれを話し合うことが「対話」なのです。

ダメ出しではなくフィードバックをする

対話のテーマによっては、相手の直してほしいところを指摘する場合もあるでしょう。お互いが心地よい関係を築いていく上でそうした指摘はさけて通ることはできません。我慢を溜め込み、爆発させると大抵ろくなことにはならないのです。

このとき意識するといいのは、ダメ出しではなく、フィードバックをするということです。ダメ出しとは、相手のダメなところを指摘することです。それに対してフィードバックとは、相手がよりよくなるための方法を伝えることです。

以前、ある研修プログラム（PBL教員研修プログラムwith High Tech High）を受講したときに、子どもたち同士でフィードバックし合う映像を見ました。ある子が蝶を描いています。その絵に対して、子どもたちが「ここをこうするともっとよくなると思うよ」とフィードバックをしていきます。そのフィードバックを受けて、子どもは蝶の絵を描き直していくのです。何度も描き直すうちに、その子の絵は最初の絵とはまったく別物のすばらしい蝶へと変貌をとげたのです。

この研修を受けたときの感動と衝撃は今でも忘れることができません。子どもとどう接すればいいか、夫婦でどのように対話をし、直してほしいことを伝えればいいか、自分の中に確かな軸が生まれました。

このときに学んだフィードバックの手法、それが「Good & Better」です。これは**「Good＝よかったところ」を伝え、その上で「Better＝よりよくなるためのアドバイス」を伝える**方法です。

たとえば、食器洗いをパートナーがしてくれたとします。ところが、まだシンクが泡だらけだったり、水切りかごに食器が入れっぱなしだったりする。自分としては、シンクもキレイに流してほしいし、水切りかごの食器は拭いて片付けてほしいと思っているとします。このときに「なんで、シンクが泡だらけなのに気がつかないの？」「あなたの食器洗いはいつも中途半端。最後まで終わってないのがわからない？」と怒ったり、何も言わずに黙って食器を拭いて、ため息交じりに食器棚にしまっていったり。こうしたコミュニケーションでは、建設的な関係を築くことはできません。万が一やってほしいことが伝わったとしても「やりたくない」と思わせてしまうだけでしょう。

こうしたときにGood & Betterが効果的です。

先ほどの例では、「食器洗ってくれてありがとう。なんか、洗うのも早くなってきたんじゃない？」などよかったところを伝え、そのうえで「意外と気がつきにくいんだけど、シンクって泡だらけになりがちなんだよね。ここもキレイにできるともっとよくなると思うよ」「食器をしまうところまでできると、食器洗いも完璧だよ」など、よりよくなるためのアドバイスを加えます。

ただダメなところを指摘されるのに比べて、聞いたほうもずっと受け入れやすいのではないでしょうか。

これは、夫婦間だけじゃなく親子間でも当然有効です。失敗したときやできなかったときこそ、成長するチャンスだということを実感するでしょう。

Good & Betterにはもうひとつ、大切なフィードバックのコツがあります。

それは、**フィードバックはできるだけ「具体的」にする**ことです。

抽象的なフィードバックには、あまり相手の成長をうながす効果はありません。子どもが描いた絵を見て「上手だね！」と感想を伝えたとします。それはもちろんうれしいことですが、その感想で子どもの絵がさらに上手になることはありません。「この『目』のキラキラがすごくいいよ！」「洋服の色が、たくさんの色が混ざっていてとてもキレイだよ！」のように、Goodを伝えるときも、より具体的に。

家事や育児についてだって同じです。「いつも野菜をたくさん取り入れて、健康に気を使ってくれてありがとう」「子どもが飛び出さないように見守っていてくれてありがとう」など、なんだっていいのです。具体的に伝えると、言われたほうは「見ていてくれていたんだ」と感じて、なんとなく褒められるより何倍もうれしいものです。

Betterの伝え方も当然「具体的」を意識したほうがいいです。漢字の練習をしている子に「もっと丁寧に書くといいよ」と言っても、あまり意味はありません。「ここの線がはみ出ちゃうと違う字になっちゃうから、はみ出ないように止めるといいよ」と具体的に伝えるといいでしょう。赤ちゃんのおしり拭きに対して「ちゃんと拭けてないから、ちゃんと拭いて」と言っても、きっとまた同じことになるでしょう。「下のほうまで拭くとキレイに拭き取れるよ」と具体的に伝えるのです。

対話の環境を意識的につくる

家族対話は、慣れてしまえば当たり前に行えるのですが、面と向かって話をするのが恥ずかしい人たちもいます。しかし、何かあってから慣れない対話をすると議論、しかも健全ではない議論になってしまってより対話への苦手意識が芽生えてしまうことがあります。そのため、対話が苦手というご家族ほど定期的に対話の習慣をつくることをおすすめします。

定期的に対話をするようになると、日々の中で共有されない小さな問題やすれ違いを、小さいうちに解消することができます。雪だるまのように膨れ上がった問題を解消するのは難しいですが、小さな雪玉くらいの問題ならひと言ふた言で解消できてしまいます。

定期的に対話を行うために、様々な工夫をしているご家族がいます。ここでは、その工夫の中でも取り入れやすく魅力的な事例をいくつか紹介します。

週末開催、スナック幸子

お酒好きな正樹さん・幸子さんご夫婦（仮名）が対話の場にしているのが、「スナック幸子」。毎週土曜日の夜に開かれる、キッチンスナックです。スナックのママはもちろん妻の幸子さん。お客様は常連の夫、正樹さん。様々なお酒や肴を楽しみながら過ごすこの日が、おふたりにとって楽しみな時間となっているそうです。

最初はただお酒を楽しむだけのつもりでしたが、スナックというコンセプトに合わせて暗めの照明にしたり、飲む場所をキッチンカウンターにしたりすることで、だらだらＴＶを見ながら飲むのではなく、夫婦対話のいい時間になってきたと言います。

子どもの話や仕事の話、ママ友の愚痴、これからの夢など、なんでも話せることでお互いの距離がこれまで以上に縮まったと感じているそうです。

【おうちスナックのポイント】

- 週末や隔週など負担のない範囲で定期開催
- 料理はしなくても、買ってきたつまみで充分
- 「話さなきゃ」と意識しすぎず、たまには一緒に映画を見るだけでもＯＫ
- 照明を暗めにするなど、雰囲気づくりも大事

月1回のランチデート

職場が近いという結城さん・香里さんご夫婦（仮名）。夫の結城さんは帰りが遅くなりがちで、なかなか夜に話しをする時間がつくれないと思っていたとき、たまたまランチに入ったお店で妻の香里さんとばったり会って、一緒に食事をすることに。この時間がすごくよかったそうで、定期的にランチをするのが習慣になったそうです。

このご夫婦のように平日のランチタイムに話をするというのが難しい場合は、休日に時間をつくるのも手です。1歳のお子さんがいる吉岡ご夫婦（仮名）は月に1回、お子さんを預けて夫婦でランチをしに行き、お互いの近況や子どもの将来についてなど、色々な話をするとのこと。

たった月に1回ですが、子育てをしているとその1回すら時間を取るのが難しいものです。そして、その1回が夫婦にとってどれだけ大切かは話をしてみて初めて気がつきます。

【ランチデートのポイント】
- 平日でも休日でも、家とは違う環境でゆっくり話をする
- 夫婦で対話する時間は、お子さんを預けてでも行う価値がある
- 「食べる」という目的もあるので、対話が苦手な夫婦にもおすすめ

年1回開催、山田サミット

ランチやお酒とともにする対話ではなく、ガッツリと向き合って対話をしているご夫婦もいます。山田夫婦（仮名）は、年に1回、12月に山田サミットを開催しています。

サミットとは首脳会議。夫婦と言えど、それぞれの人生の首脳であり、違う価値観を持ったふたりであることから名付けたそうです。家族だからただ一枚岩になろう、ということではなく、この先もお互いに協力していくために話し合うべきことをアジェンダ（議題）にして対話を行っています。

アジェンダは、仕事のことや、お金のこと、子どもの教育に関してなどいくつかが決まっており、それについて報告し合うのです。

【夫婦サミットのポイント】

- アジェンダを決めて、前回の振り返りもする
- 定番のクエスチョンを確認し合う（例：今興味ある物、事、人は何？　相手のどこが好き？　新しく始めたことは何？　など）
- 毎年定期開催して、翌年の家族テーマを決める

「対話をする」なんていうと、何を話せばいいのか、そんなに対話することなんてない、と思うこともあるでしょう。しかし、対話することを先延ばしにしていると、いざ大切なことを決めなくてはならないときにうまく話し合えなかったりします。

だから、ここで紹介したように、お酒や食事という違う目的と抱合せにして、気楽に対話を楽しんでいきましょう。普段から、様々なことを話し合うのが習慣になっていれば、大切な話も切り出しやすくなりますし、建設的に話し合える土台になっていきます。

夫婦の議論は「論破」せず、歩み寄る

どれだけ仲良しな家族であっても、意見が割れることもあるでしょう。最初から違う意見で話し合いになることもあれば、対話をしていたけどそれが議論に発展することもあります。

本書での議論とは「**それぞれの意見が違い、でも何かしらの結論を出さなくてはならないときに行われるコミュニケーション**」と位置づけています。

そして、この議論でも結論よりも「その話し合いのプロセスが健全かどうか」のほうが、先々の関係性に大きな影響を与えると考えています。

そういう意味で、家族における議論は、ビジネスにおいての議論とは考え方が違うかもしれません。結論がどうであれ、その結論に向けて家族が協力しあえることが、チームとしての強さにつながります。

まずは、自分たち家族が過去に議論をしたときのことを思い出してみてください。

- どんなことでモメた？
- 話し合いはうまく解決できた？
- その理由は？

ここから先は、今思い出してもらった自分たちの議論と照らし合わせながら読み進めてください。モメてしまった原因の解像度が上がり、解決に向けたアプローチを知ることができるはずです。

議論の作法

家族で議論をすることになった場合、これまでお伝えしてきた対話の手法に加えて次の2つを意識するといいでしょう。

議論の作法1 「わたしたちは絶対に『味方』である」という前提

議論はお互いを攻撃し合うことではありません。それをよく表しているのが左の図です。

人は意見が食い違うと、どうしても「自分VS相手」という対立構造になってしまいがちです。自分の意見に反対されたら、まるで自分自身を否定されたような気持ちになってしまうこともあるでしょう。こうした状態で戦い続けていると、お互いの間の溝はどんどん深まっていくことになります。

ですが、話し合いの目的は、「共通の問題を解決するために意見を出し合う」ことのはずです。つまり、相手は敵ではなく、一緒に問題解決するための「味方」です。

議論のスタンス

不健全な議論

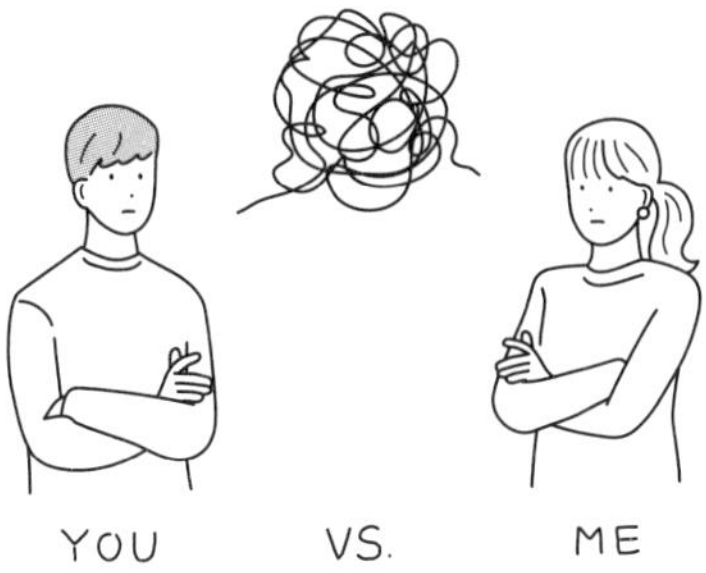

健全な議論

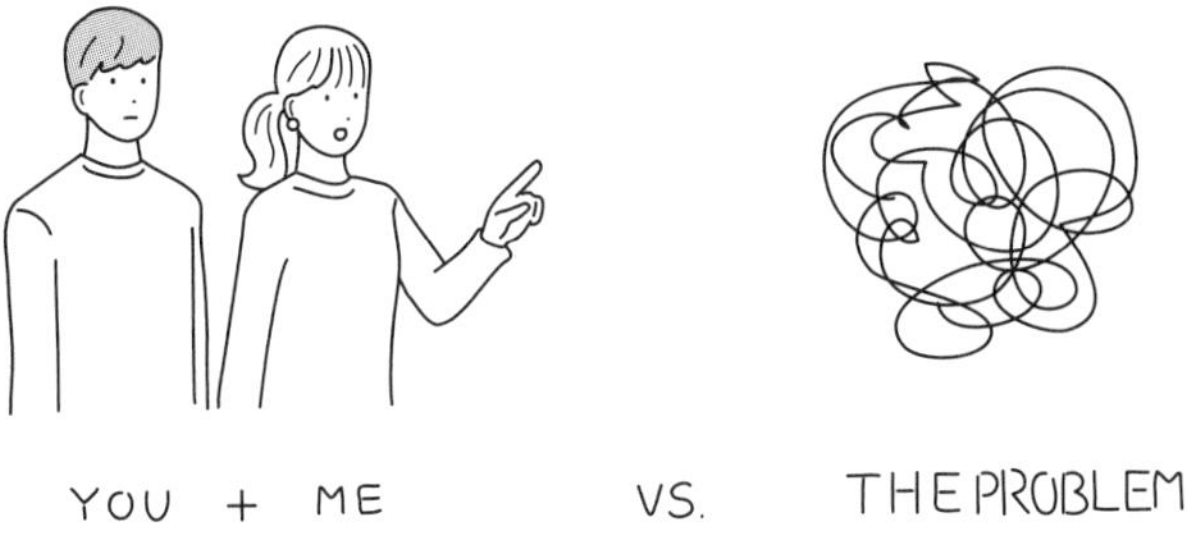

しかし、ちゃんと「解決するべき問題」が何かを見据えないと、話し合いは相手を否定する方向へと向かいかねません。話をしているうちに「相手の言うことはなんであろうと受け入れがたい」という気持ちになってしまった経験がある方も多いでしょう。そのモードに一度入ってしまうと、そこから抜け出すのはかなり大変です。しかも、ろくな結論に向かいません。

だから、そうなってしまう前に先ほどの図を思い出してください。対立構造になっているなと感じたときは、何度でも「解決するべき問題」に立ち返りましょう。そして、お互いに手を取り合いながら問題解決の方法を探っていきます。

もちろん「そんな簡単にできっこない！」と思われる方もいるでしょう。それは当然だと思います。それでも、この前提を夫婦で一緒に思い出せるかどうかだけで、コミュニケーションが変わるのは間違いありません。

議論の作法2　夫婦の議論は論破したら負け

意見が割れるというのは、お互いの間に深い溝がある状態です。溝を挟んで引っ張り合いをしている姿を想像してみてください。これが対立です。

この状態において、論破とは、相手を溝へと引きずり込む行為です。言いくるめたり、論理的に相手を追い詰めたり、勢いや感情で相手の意見を蹴散らしたり……議論の末に、相手を引きずり落としたらどうなるでしょう？ 深い溝から落ちた相手は大怪我を負います。怪我をすると、禍根《かこん》を残します。**禍根が残っている相手は、決断にコミットできない**可能性があります。それが、プロセスコミュニケーションにおいて致命的なのです。

よくモメるのが、教育方針の違いです。子どもの将来のために小さい頃から受験させたい母（父）と、やりたいことにのめり込む時間を大切にしてあげたい父（母）のように、夫婦間で意見が対立したとします。

「受験をした子のほうが将来成功しているデータ」を提示して相手が納得したならいいのですが、論破して一方的に推し進めた場合、相手は事あるごとに「受験を決めたことへの不満」が目につくようになります。

「子どもの元気がない。つらそうだ」「小さいうちから夜中まで勉強させる必要があるのか」「親子そろって受験受験で、息苦しい」など。そうなってしまうと、受験を乗り越えるために家族が力を合わせるのは難しいかもしれません。

こうしたトラブルは、受験などの大きな問題から、夏休みの旅行先や週末の外食先といった小さな問題まで、しょっちゅう起こっています。夕飯程度の対立なら翌日には忘れられるかもしれませんが、大きな問題になるとそうもいきません。

家族の議論における結論は、その場限りのものではありません。その先も続く関係を左右する可能性があるのです。だから、安易に相手を論破したりしてはいけません。家族を言いくるめたところで、その代償は大きいのです。

それでは、どうやって議論を進めていったらいいのでしょうか。

お互いの間に意見の対立という溝があるとき、各々の意見をただ主張して引っ張り合うのは危険です。そうではなく、溝の間に架け橋をかけましょう。

大切なのは、「相手の意見を理解すること」です。そのためにぜひやってもらいたい手法をふたつお伝えします。

夫婦の議論は論破しない！

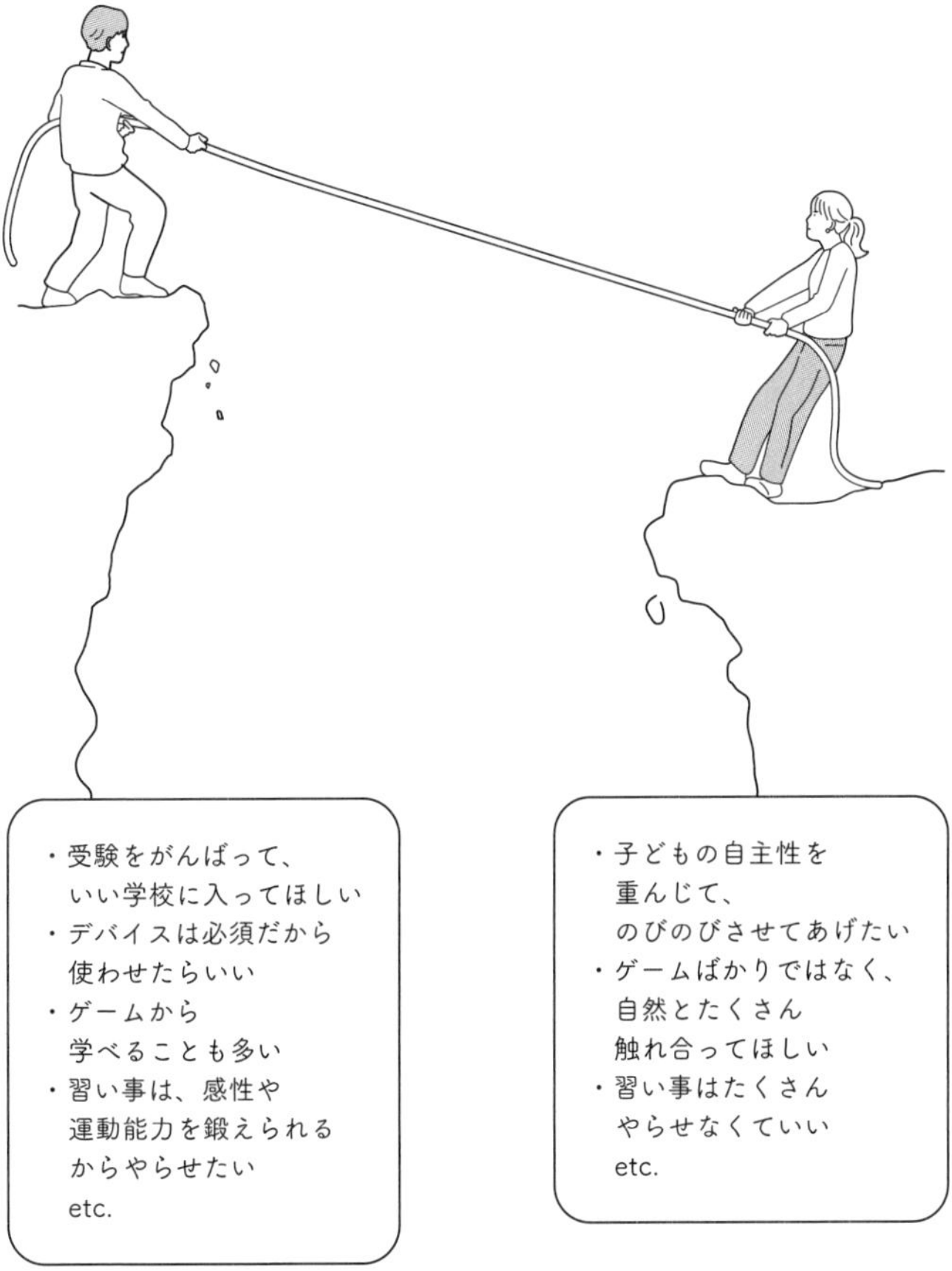
・受験をがんばって、
いい学校に入ってほしい
・デバイスは必須だから
使わせたらいい
・ゲームから
学べることも多い
・習い事は、感性や
運動能力を鍛えられる
からやらせたい
etc.
・子どもの自主性を
重んじて、
のびのびさせてあげたい
・ゲームばかりではなく、
自然とたくさん
触れ合ってほしい
・習い事はたくさん
やらせなくていい
etc.

論破は相手を溝へと引きずり込む行為

相手の立場で考える

意見が対立しているときにもっとも危険なのは、相手の意見がとにかく間違っているように思ってしまうことです。でも、もう一度思い出してください。**大事なのは相手の意見を潰すことではなく、建設的に話し合い、わたしたちの答えを導き出すこと**です。そのためには、お互いが相手の意見を理解していなくてはなりません。

哲学対話では「理解と納得は違う」と言います。理解とはあくまでも論理的なものであり、納得とはそれを受け入れたことです。相手の意見を納得できなくても、理解することは健全な対話を行う上で欠かせません。

ところが、意見が対立している状態だとなかなか相手の言葉が入ってきません。どうしても納得できないという感情から、言葉尻を捕まえて反論してしまいたくなります。または、ロジックの穴を指摘したり、感情が先立って説明が支離滅裂になったりすることもあります。

立場を入れ替える「逆プレゼンテーション」

そこで、ぜひ取り組んでほしいのが、相手の立場になってプレゼンする「逆プレゼンテーション」というゲームです。

たとえば、夏の旅行をどこにするかでモメたとします。どうしても沖縄に行きたい夫。北海道に行きたい妻。この場合、普通なら夫は沖縄の魅力を語り、もしかしたら北海道に行くデメリットまで語るかもしれません。でも、それでは相手の理解にはつながりません。

そこで、夫は「北海道旅行」を、妻は「沖縄旅行」をそれぞれプレゼンするのです。夫は沖縄でダイビングを楽しみたかったかもしれませんが、海鮮やラーメンを食べ歩くプランを考えてみたり、妻は北海道の牧場に行きたかったかもしれませんが、沖縄での海岸線ドライブをプランニングしたりして、お互いにプレゼンします。

これまで、このゲームに取り組んだご夫婦の中には、スライドまでつくって全力で自分と対立する意見をプレゼンした方もいました。大事なのは、自分を納得させる資料を集めることではありません。他人に魅力的と思ってもらえるプレゼンを考えることです。

人は基本的には、自分の知りたい情報しか目にしません。これを「確証バイアス」と言います。だから、あえて自分とは違う意見のいいところを探すのです。

相手の意見に即して考えてみる。これが、議論における歩み寄りです。

問題を明確にする「フセン・ライティング」

議論を建設的に進めるためには、問題を明確にすることが大切です。

先ほどもお伝えしたとおり、議論が「自分VS相手」となってしまっている場合、論破合戦が始まったり、感情バトルになってしまったりします。これまで数々のご夫婦と対話をしてきましたが、お互いが自分の中にあるストーリーで語り始めると、議論の歯車が噛み合わないままあらぬ方向へと進み出してしまうケースがとても多いのです。

話し合うべき問題を見失っているときは、議論をいったん中断させて、お互いの頭の中を整理します。ここでおすすめなのが**フセン・ライティング**です。そのやり方を4つのステップで紹介します。

ステップ1 意見・思考を分解して書き出す

まず、今あふれ出している思考をフセンにすべて書き出していきます。1枚のフセンに書き出すのはひとつだけ。

- 夫は朝起きられない
- 夫の都合で家事をしないと言っている
- 家事をしないと言う意思にムカついた
- 朝起きられないなら、夜中のゲームをやめればいい

「夫に、朝起きられないから家事をしないと言われてムカついた。夜中にゲームばかりしているせいだ」と複数の事柄を含まないように注意してください。

ステップ2　フセンを仕分ける

こうして集まったフセンを、今度は「解決すべき問題」と「自分の感情」と「相手への攻撃」に分けていきます。

「解決すべき問題」は客観的な事実や、話し合うべき議題。

「自分の感情」は文字通り、感じた感情です。腹が立った、いらいらしたなど。

「相手への攻撃」は相手を論破するために組み立ててしまった思考です。議論に上っていなかった要素を過去の出来事などから持ってきてロジックを組み立ててしまうと、問題が複雑化し解決が遠のいてしまいます。

【解決すべき問題】

- 夫は朝起きられない
- 夫の都合で家事をしないと言っているけど、それは非協力的過ぎではないか

【自分の感情】

- 家事をしないと言う意思にムカついた

【相手への攻撃】

- 朝起きられないなら、夜中のゲームをやめればいい

ステップ3　「どうなれば解決できたと思えるのか」を考える

こうして思ったことを書き出し分解していくと、議論するべき問題を俯瞰できるようになります。その上で、この議論がどうなれば解決できたと思えるのかを、考えていきましょう。

- 夫が朝起きて、子どもの身支度をやってくれるようになってほしい
- 夫の『俺は家事をしない』という言葉に傷ついたから、ちゃんと謝ってほしい

前者のように具体的な要望が解決につながる場合もありますし、後者のように感情的なことが引っかかりになっている場合もあります。もちろん、複数の希望が出てくることもあるでしょう。

この例では妻の立場で書きましたが、夫にも言い分があるでしょう。ふたりそれぞ

れの意見を書き出し、分解してください。

ステップ4　議論を再開する

それぞれが意見や思いを書き出したことで、冷静に状況を把握できるようになっていると思います。そうしたら、次はお互いに書き出した内容を共有し合いましょう。

フセンを見せ合ってもいいですし、読み上げても構いません。ただし、見せ合う上で重要な作法があります。それは相手のフセンに対して反論しないこと。いったんお互いの話を最後まで聴くようにしてください。ここで一々反論していたら、再び議論はあらぬ方向へと向かっていきます。

また、見せ合うのはすべてでなくて構いません。**相手と共有したいと思ったものだけ**を見せましょう。フセンの中にはただの悪口も含まれるかもしれませんし、そんなものを共有しても関係が悪くなるだけです。今回の議論の上で重要な部分だけしっかり共有します。

「解決すべき問題」はお互い同じでしょうか。全然違うこともあるかもしれません。これを共有することで、この後何について話し合いをするべきかが見えてきます。「自分の感情」については、ちゃんと共有しましょう。言ったほうに傷つける意図がなかったとしても、それによって傷ついたのだという事実がここで明らかになります。傷つけてしまった場合は、この場で素直に謝ることが重要です。そうすることで、感情の高ぶりやモヤモヤを少しでもなだめた状態で議論に入ることができます。「相手への攻撃」は、共有してもしなくても構いません。冷静に書き出してみるとわかるのですが、わりと「むちゃくちゃなこと言ってるな」とか「今回は、関係ないな」と思うものです。また、「これを言い出すと、余計問題が複雑になるな」とか「相手を傷つけるだけで、自己満足に過ぎないな」と思い、勢いで口にしなくてよかったと言う方もいます。

ここで紹介した「逆プレゼンテーション」「フセン・ライティング」は実際にわが家で議論がヒートアップしそうになったときに行いながら構築した手法です。さらに、ご夫婦相談の中で議論が白熱してきたときに実際にやってもらい、改善を重ねていきました。

どちらも、議論を冷静に行う上で助けになってくれる手法です。しかし、大事なのは議論の結果ではなく、この議論やコミュニケーションを通じて、お互いが「わかり合えた」と感じられることです。論破をしたり、言いくるめたり、感情的な勢いで従わせたりした先に、よい関係性は育まれません。

ここまで、チーム家事を妨げる4つの溝と、その乗り越え方についてお話ししてきました。家族というのは、わかり合い、甘え合える関係である一方で、他人同士であるという現実もあります。

支え合う関係であればお互いの人生をより自由にしてくれますが、ただ寄りかかっているだけでは、寄りかかられている人がつらくなってしまうこともあるでしょう。

家族として支え合い、自由に生きられるよう、強いチームになっていきましょう。

Chapter

5

子どもを
チームの
一員にする

子どもの家事にはメリットがたくさん

第5章では、子どもをチーム家事の一員にする方法についてお伝えしていきます。

ここまでお伝えした方法は、自律した個人間でのチーム化の方法でした。ですが、まだ自立する前の子どもにどうやって家事をやらせていけばいいか、というのは多くの親御さんの悩みどころだと思います。

まず、家事をすることは子どもにとってどんな意味があるのか見ていきましょう。

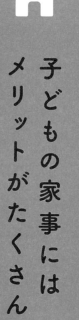

「家事を通して身につけられる学びはとても多い」

料理をするには、冷蔵庫を覗いて（ひき肉と玉ねぎがあるぞ）、問題が何かを考え（晩ご飯のメニューはどうしようかな)、解決策（今夜はハンバーグにしよう！）を導き出します。この一連の流れは「創造力」を駆使しなければ考えることはできません。

片付けをするのにも「今日は片付けしたくないな」という日も粘り強く続ける必要があります。家事とはモチベーションの有無にかかわらず、やらないと生活が回らなくなる仕事です。

家族と話し合いながら「今日は掃除をしよう」とか、買い物に行きながら「これは予算オーバーになっちゃうから今日は買わないよ」という会話をしたり、たまには「今日は疲れちゃったから、掃除サボっちゃおうか」みたいなことで笑い合ったり。子どもたちは日々の家事を通じて「生活」とは何かを学んでいきます。

家事をやり続けるには、ただ料理ができるかどうか、という目先のスキルがあればいいわけではありません。『「学力」の経済学』（中室牧子著、ディスカヴァー刊）によると、次のような様々な能力が必要になります。

- 創造性：工夫する力
- 忍耐力：やり続ける力
- 意欲：やる気、意欲的である
- 自制心：意志力が強い
- 回復力と対処能力：すぐに立ち直る、うまく対応する
- 自己認識：自分に対する自信、やり抜く力

こうした力は非認知能力と呼ばれ、学習指導要領では「生きる力」として取り扱われています。非認知能力とは、意欲、協調性、粘り強さ、忍耐力、自制心、創造性、コミュニケーション能力といった、数値で測定することができない能力のことです。

ＩＱや学力のように、テストによって測定をするものではありませんが、子どもの成長と将来に大きな影響を与える能力であるとして、教育の世界でも広く注目され、取り入れられている能力です。

子どもは家事をすることで家族のチームメンバーになる

人はコミュニティに属するとき、そのコミュニティに対して貢献することで、そこに自分の居場所を見出していきます。一方的に何かをしてもらっているだけという状況はとても居心地が悪く、それは家族においても同じことです。

たとえば、家事育児を一切しないパパがいたとしても、彼らは自分が「稼ぎ手である」ことを強く主張してきます。これは、家庭運営という全体から見たときにお互いがそれぞれのやり方で家庭に貢献しているのだという主張でもあるわけです。

子どもには「コミュニティ」という概念がないかもしれませんが、子どもは「人のために何かをする」のが本当に大好きです。

何年か前、「半分こ」と子どもが板チョコを半分にしてママに渡すCMがありました。あのCMの子どもの様子に、共感した人も多いのではないでしょうか。CMに限らず、自分の子どもが、大好物を家族におすそ分けしようとする姿に感動した経験もあるかもしれません。子どもは案外、利己的なことよりも利他的なことによろこびを感じています。

そう思うと、子どもが「お手伝い」をやりたがるのも頷けます。親がやっていることを真似してみたいという理由もありますが、「よろこばれたい」という気持ちがしっかりあるのでしょう。

子どもも家事をやるようになると、家に対しての関わり方が変わっていきます。

トイレ掃除をするようになると、トイレをキレイに使ってほしいと思うようになります。すると、家族が汚すとちゃんと怒るようになる。そして「汚したんだから、自分でキレイにしてね!」なんて言ったりします。

料理をするようになると、家にある材料だけでササッとご飯をつくってしまう親の姿に感動したりしますし、洗濯物を自分で畳んで自分で収納にしまうようになると、畳み方を工夫したり入れる順番にこだわり始めたりもします。

一つひとつはとても小さな変化で、そういう瞬間がある、というだけに見えるかもしれませんが、これは家族としての自覚の芽生えと言えます。

まずは「お手伝い」から始めよう

ここまで「お手伝い」という言葉と「家事」という言葉が出てきました。この2つはまったく違った意味を持った言葉として使っています。

では、お手伝いと家事は何が違うのでしょうか。

- お手伝い：評価（よろこんでもらう、ほめられる）のためにする
- 家事：コミュニティ（家庭）の一員として、家庭運営のためにする

パパが家事を「手伝う」と言うと、「『手伝う』なんて自覚がない！」なんて言われたりします。これは暗に「手伝ったんだからほめてほしい」というニュアンスが見え

隠れするからです。
また、これは責任の所在の違いでもあります。よろこばれたい、ほめられたい、というのは自分以外に責任者がいることを示しています。そして、その責任者に評価されるためにやることを「手伝う」と言います。

一方の「家事」は、家庭の一員として、家庭運営のために行うものです。そこには責任と自覚が求められるのです。もちろん、家事だってよろこばれたり、ほめられたりしたらうれしいのは間違いありません。ほめ合うのも感謝を伝えるのも、大事なコミュニケーションです。ですがそれがなくても、必要に応じて行うのが「家事」です。
つまり「お手伝い」は他人事。「家事」は自分事と言えます。

子どもが家事を通じてチームの一員になるには「お手伝い」から「家事」へステップアップしていく必要があります。そしてこのステップアップは、家事を学び、自立する力を身につけるステップでもあるのです。

子どもの年齢に応じてお手伝いをしてもらう

産業技術総合研究所とミサワホームが行った「子どもの行動特性調査〈お手伝い〉」では、子どものお手伝いを年齢別に4段階に分けています。

- 1〜2歳　お手伝い開始期：安全・安心で簡単なものから覚え始める
- 3〜4歳　お手伝い色々チャレンジ期：遊びの一環として楽しみながら増え始める
- 5〜6歳　お手伝い発達期：火や家電等の高度な道具を使い始める
- 7〜8歳　家事分担移行期：家族の一員としての役割を持ち始める

お手伝い自体は1〜2歳から始めることができます。この時期であれば調理で何かを混ぜたりこねたり、レタスをちぎったりするのも楽しみながらできるでしょう。

3〜4歳になると、とにかく「やってみたい！」と言い出します。お手伝いは「やりたいときが、学びどき」です。散らかしてしまったり、むしろ手間が増えてしまうかもしれませんが、「やってみたい」の気持ちを尊重して、「よろこんでもらえた」という充足感を味あわせてあげましょう。

忙しいときはミニトマトのヘタを取るとか、テーブルの上を布巾で拭くとか、お箸を並べる、靴をそろえるなど、失敗してもリスクが低い（親も笑っていられる）お手伝いをチョイスします。

5～6歳にもなれば、色々なことができるようになります。包丁の練習を始める子も多くなってきます。ピーラーで皮をむいたり、自分のおもちゃを片付けたり、タオルや洗濯物をたたんだりもできるでしょう。

早いご家庭ではもっと小さい頃からお手伝いをやっていますが、5～6歳くらいからお手伝いを始めるという人が多いかもしれません。子どものやりたい気持ちを促しながら、少しずつ教えていきましょう。

7～8歳になると、少しずつ自立を促していけるようになります。

「自分のことは自分でやる」を身に着けていく時期です。また、自分の役割として「トイレ掃除」など担当を持てるようになります。小学生も、年齢が上がっていくと習い事や勉強で忙しくなってきます。忙しくなってから家事習慣を身につけるのは、子どもにとっても負担が大きいでしょう。なので、まだゆとりもあり、やりたい気持ちもある低学年のうちに、色々な家事に触れさせてあげるのがおすすめです。

9歳以上になれば、立派なチーム家事の一員になることができます。親が何でも面倒をみてあげるフェーズから、「自分のことは自分で責任を持ってやる」フェーズに入っていきます。親のサポートを減らしていくほど、失敗も目につくようになりますが、この失敗が大切な経験となります。「失敗する→学ぶ」というトライアンドエラーを支えてあげましょう。

お手伝いは「まねぶ」ことから始まる

お手伝いの時期は、家事の方法を学ぶ時期でもあります。子どもはわからないことを学ぶとき、言葉やロジックを理解してできるようになるわけではありません。どうするかというと、親のやることを真似して覚えていくのです。

モンテッソーリ教育という、子どもの自主性を尊重し、サポートする教育方法があります。その中に「提示」という方法があります。日本モンテッソーリ教育綜合研究所によると、提示とは、「環境の中にある物の使い方を子どもにわかりやすく示すこと」とされています。つまり口で言うのではなく、やって見せる。

その際に、子どもが真似しやすくなる上手な教え方のポイントがふたつあります。

①動作はゆっくり、ひとつずつ

手際よくサササッとやってしまっても、子どもは真似できません。動作をゆっくりと見せていきましょう。また、動作は省略したりまとめたりせずに「ひとつずつ」見せるのも大切。洗濯物の畳み方なら、1回1回折るところを見せていきます。

②説明するときは、手を止める

相手の動作を目で見ながら、注意点を耳で聞いて同時に理解するのは、大人だって結構大変です。食器を洗いながら「洗うときは、コップみたいに汚れが少ない物から洗うと、スポンジが汚れなくていいよ」なんてアドバイスしてしまいがちですが、食器洗いを真似する段階にある子にあれこれ言っても、テンパってしまうだけです。

まずはゆっくりとやって見せる。そして説明するときは手を止めて話す。見ることか、言葉を理解することか、どちらかに集中できるようにしてあげましょう。

小さなことですが、こうしたポイントに気をつけるだけでも、ずいぶんと伝わりやすくなります。

「お手伝いは家事スキルを身につける大事な教育」

お手伝いの目指すところは「手伝ってくれたおかげで、助かった」という状態。でも、そう簡単には「助かった」にたどり着くことはできません。むしろひとりでできるようになるまでは、コツコツと「教えていく」作業が続きます。

しかし、時間がない子育て家庭にとってはなかなか大変。「やりたい！」という子どもの声を叶えてあげたいと思いながら「後でね」と何度言ってしまったことか……。

これが大変な理由は明確です。それは「やらなくちゃいけない家事をやりながら、同時に子どもに教えなくてはならない」から。あと30分で夕飯にしたいのに、料理を子どもに教えながらつくるのはものすごく大変です。


こうしたときにチーム家事は役立ちます。そもそも「日常の家事を進めること」と「子どもに家事を教えること」は別の作業です。昔々のようにお母さんやおばあちゃんが子どもの横に立って、一つひとつ手ほどきをしながら家事のやり方を教える、そうしたスタイルができるなら、それでもいいかもしれません。しかし、共働き家庭で帰宅後は数十分で夕飯の支度をして食べるライフスタイルでは、子どもに教える時間を持つことは物理的に難しいでしょう。

そうであれば、やはり接し方や考え方を変えていかなくてはなりません。「お母さんが子どもの横に並んで家事をやりながら教える」というイメージに囚われすぎては苦しいだけです。ひとりで全部やろうとせず、一緒に住んでいる家族と手分けをすることを考えてみましょう。

日曜の夕方、パパが夕飯の支度をして、その近くのダイニングテーブルで子どもとママが一緒に野菜を切る練習をする。ママが部屋の掃除をしている間に、パパが子どもにトイレ掃除を教えてあげてもいいでしょう。

小学校でも家庭科などの教科を学びますが、生活の中での実践はあくまでも家庭。そして、家事とは実践を積み重ねることで要領がよくなり、価値観が醸成されていきます。忙しい日常の中、家庭で家事教育を行うのはなかなか難しいかと思いますが、それはママ（パパ）だけで担おうとするからでもあります。

小さい頃から家事を身近にたしなんでおくことは、まさしく「生きる力」となります。大人になって、一人暮らしの部屋には足の踏み場もない、炊飯器を使ってお米を炊くこともできない、排水口を放っておいたらヘドロまみれになってしまうことを知らない、そんな状況になっては本人が困るでしょう。また、**現代の僕たちが抱えているような家事分担の課題を、次の子どもたち世代にまで持ち込ませたくもありません。**

子どもの家事教育こそ、ママだけに任せっぱなしにするのではなく、パパも一緒に取り組むべき家事です。

事実、「第12回21世紀出生児縦断調査」（厚生労働省）によれば、父親が家事を「よくする」方が、「ほとんどしない・まったくしない」より、子どものお手伝い割合が高い、との調査結果も出ています。

「家事はママの仕事」ではなく、「家族みんながやること」という認識は、これからの社会では受け入れられやすい価値観と言えるでしょう。

「お手伝い免許皆伝を与える」

「お手伝い」の最終段階として「お手伝い免許皆伝」をあげてみましょう。

わが家では子どもがある程度家事をマスターできたら「お手伝い免許皆伝」を与えて、普段の家事に参加できるようにしてあげています。

たとえば「野菜ちぎりマスター」「タオルたたみマスター」「ご飯炊きマスター」など。

子どもは自分でできることが増えるので、覚えた技を使ってみたくて仕方がなくなる。お手伝いをしたい時期は、こうした好サイクルを回しやすいのです。免許皆伝を得たお手伝いはどんどんやってもらうようにします。

免許皆伝は、そのお手伝いがちゃんとできるようになった証拠。子どものお手伝いレベルをどんどんアップしていくのは、親子ともに楽しいものです。

お手伝いから家事へステップアップしよう

一概に年齢でわける必要はありませんが、小学校の低学年くらいになり、少しずつお手伝いのスキルも高まってきたら、いよいよお手伝いから「家事」へステップアップしていきます。

お手伝いから家事へとステップアップする上で大事なのは「自立」です。これまでは、親にやってもらっていた身のまわりのことを、自分でできるようになること。これこそがファーストステップです。

お手伝いが、自分以外の誰かがやることのサポートであるとしたら、家事は自分で責任を持って暮らしを管理することだと言えます。

子どもが自分のことを自分でやれるようになると、親としてはものすごく楽になります。子どもの身支度や片付け、宿題などの手間は、親にとって負担の大きな家事であり、育児なのです。

まずは、自分で身支度ができるように

学校の準備や日々の宿題など「宿題やった？ 忘れ物ない？」と親が一緒に時間割表を見ながら準備していると、いつまで経っても子どもは「親がやってくれる、最後には親がどうにかしてくれる」と思ってしまいます。

大きくなって忘れ物をした子どもが、携帯から親にＬＩＮＥで「学校に持ってきて」とお願いする、なんて話を聞くこともありますが、これでは自立できているとは言えないでしょう。

まず目指すのは身支度が自分でできるようになることです。

では、自分で自分のことをやったり、考えたりできるようになるためにはどうすればよいでしょうか。

『お手伝い至上主義でいこう！』（プレジデント社）の中で著者の三谷宏治氏は、子どもへの「与えすぎ」に警鐘を鳴らしています。指示、予定、モノ、カネ、答え、勉強、夢。これらを日本の親たちは与えすぎているのではないかと言います。

中でも、子どものチーム家事において重要なのは「指示」「予定」でしょう。

親の指示が、自分で考えるチャンスを奪う

子どもは自分で考える力を持っています。でも、それは親の「いつ・どこで・何を、してほしい」と同じになるとは限りません。思い通りにコントロールしようと思えば、常に指示を出すことになってしまいます。自分で考えて叱られるよりも、指示に従ってほめられるほうがずっと楽です。そして、親としても「ちゃんと言ったことを聞いてくれるいい子」という満足感を感じるかもしれません。

でも、その結果自分で考えて動く習慣が失われていきます。

うちの子どもが通っているスクールの先生が保護者会で話してくれた、とても胸に

響いた言葉があります。

「子どもが忘れ物をしても、届けに来ないでください」

その真意は「忘れ物をすることは、子どもにとって大切な『学び』のひとつ」ということ。親は子どもが失敗しないようにと、ついつい先回りして手を出してしまいます。でも、失敗をしないということは大事な学びの機会を失っていることでもあるのです。親に「学校の準備はしたの?」「明日は筆がいるってプリントに書いてあったけど持ったの?」など言われていては、指示待ち状態からは抜け出せません。

家事だって同じです。自分の物を管理できなくて、大切な物をなくす。忘れ物をして叱られる。部屋が汚くて居心地が悪い。**自己管理できないことで経験する失敗は、本人にとって大きな学び**になります。

失敗する前に手を差し伸べるばかりではなく、失敗したうえでどうすべきかを一緒に考えてあげることも大事なのです。

忙しすぎる子どもたちは、家事する暇がない？

塾に習い事、子どもたちは毎日夜まで予定がぎっしりです。のんびりと家事をやっている暇はないのかもしれません。家庭の中で、子どもがコミュニティの一員ではなく、お世話をしてもらうだけの存在になってはいないでしょうか。

もちろん、子どもは親から多くのケアを必要としています。面倒をみてあげることが大切なのは言うまでもありません。ですが、子どもが学校や習い事が忙しすぎて家のことに一切携わる余裕がないのだとしたら、いつまで経っても家事は親がやるのが当然で、自分がやらなくちゃいけないことではない、という感覚から抜け出せません。

予定の与えすぎは、子どもから暮らしのゆとりを奪います。家事は自立のための学びであり、家族とのコミュニケーションのひとつでもあります。自分は家族の一員として、暮らしを回すための大切なひとりであるという自覚は、生涯大切な価値観になるでしょう。

権限を委譲して、子どもを家事大臣にしよう

では、いよいよ子どもをチーム家事に巻き込んでいきましょう。

どのような家事をやらせればいいかは、家庭の事情やお子さんの得意不得意によっても違ってきますが、大事なポイントとしては**「ちゃんと親にとって役立つ家事を担当させること」**です。

気が向いたときに気が向いたことだけをちょっとやるだけでなく、任せている親が心から「君がやってくれて本当に助かるよ！」と言えることを意識しましょう。

そのために大事なのは「権限委譲」です。つまり、子どもにちゃんと任せること。そして権限を与えること。そうすることでその家事に対しての自覚が芽生えてきます。

もし子どもが炊飯を担当するのだとしたら、お米を研いで、夕飯の時間までに炊きあがることがミッションです。研ぎ方や、炊飯のタイミングなどを教えてあげたら、あとは子どもに委ねます。

もしも炊飯を忘れてしまえば、その日はお米は食べられないかもしれません。みんなでちょっとさみしい夕飯を噛み締めながら、炊飯担当の重要さをあらためて噛みしめるのもよい経験になるでしょう。

または、自分のお小遣いでレトルトのご飯を買ってくる、という対策を思いつくかもしれません。対策方法を親と一緒に考えてみるのもよい経験になります。

失敗したときには、「家族に迷惑かけちゃった」「お小遣いが減っちゃった」「ご飯の時間が遅くなっちゃった」など、ちゃんと痛みを伴うことが大切です。

親がすぐに失敗をフォローしてあげるのではなく、自分で対策を考えるようにすることで、その家事に対しての責任感が身につきます。

これが、免許皆伝の次のステップ。**「家事大臣」**です。

先ほどの例では、子どもは「炊飯大臣」に任命されたということ。トイレ掃除大臣、お風呂掃除大臣、玄関靴並べ大臣など、簡単なところからスタートして、子どもの成長とともに少しずつ権限を広げていきます。

ちなみにわが家の小3の娘は、年齢とともに次のように家事の幅を広げてきました。

- 小1：自分のおもちゃ、学用品の片付け・学校の準備
- 小2：学校の宿題管理・自分の洋服を畳んでしまう。
  トイレ掃除免許皆伝・簡単料理免許皆伝
- 小3：トイレ掃除大臣・土(日)曜のお昼ご飯免許皆伝

トイレ掃除は、僕が部屋の掃除をする土日休日などに一緒にやります。また、お休みの日になると「お昼ご飯、何食べたい？」など聞いてくるので、彼女のつくれるレシピから選んで伝えます。家に材料が足りないときはお金を渡せば、買い物も彼女がいきます。

もちろん、まだまだ雑だったり、料理後のキッチンはなかなか大荒れだったりもしますが、自分で工夫することの楽しさも見出しているようです。

子どもも一緒に、家事会議

家事の分担のことを、ママ（パパ）がひとりで悩んでしまってはいませんか？　たくさん考えて家族に伝えても、家族からは「え～、それはやりたくない」なんて言われるかもしれません。または親だけで考えて、決定事項のみを子どもに伝えていたりはしませんか？「君は今日から、ご飯の配膳をやるように！」なんて言っても、これでは**子どもにとって、突然降ってくる労働**です。

家事については家族で話し合って決めるのが一番。名もなき家事をリストアップして見せるよりも、普段から話し合いをしていればどんな家事が家庭の中で発生しているかを共有しやすくもなります。

夫婦だけじゃなく、子どもも一緒になって「家事」について話し合ったり決めたりすることこと、これはチーム家事において欠かせない大事な役割になります。

家事会議のやり方

そこでおすすめしているのが定期的な「家事会議」です。

家事会議で話し合うこと

家事会議を上手に進めるには、話し合いたいテーマを決めておくといいでしょう。

なんとなく集まって「家事について話します」と言ってもそこから話が盛り上がることはあまりありません。べつにアジェンダ（議題）というほど固くなくてもいいですが、やはりテーマは必要です。

- 子どものお手伝い免許皆伝発表
- 家事大臣任命について
- パパやママが家事で困っていること

- 新しい家電の購入について
- 辞めたい家事について
- 今月の掃除日をいつにするか
- 水道光熱費の節約ブレスト
- 今月がんばった家事発表

など、話し合うテーマは色々とあります。気をつけたいのは、この家事会議の場がママやパパの愚痴をただ垂れ流す場にしないこと。会議のたびに「あれができてない」「これもやってない」「自分はこんなに大変なのに誰も気づいてくれない」と不満だけを伝えていけば、間違いなく家族は会議なんてしたくなくなるでしょう。

愚痴を言ってはいけない、不満は飲み込め、ということではありません。あまりに感情的になってしまうのなら、会議とは別に夫婦対話などでお互いに話を聴き合う時間をもうければいいのです。この家事会議は、あくまでもわが家の家事を前向きに進めていくための会議の場にしていきましょう。

家事会議の頻度

家事に限らず、家族での話し合いの場を設けているご家族に話を聞くと、月1くらいのペースで行っている人たちが多いようです。とくに家事会議は日々の家事の調整の場でもあり、家族での行事（誕生日、ひな祭り、クリスマスなどのイベントや、模様替え、衣替え、大掃除など）についての話し合いの場にもなります。年1回などに気合を入れてやるよりは、月1回くらいで定期的に行うといいでしょう。

その日の会議の最後には、必ず次回の会議の日程を決めておきます。そうしないと、なあなあになってしまい、いつの間にか先延ばしグセがついてしまいます。

家事会議の場所

場所は家の中で行う人が多いですが、あえて外で行うのもおすすめです。ファミレスやカフェなどでも構いません。多少長居しても大丈夫なところを選びましょう。

外食という目的を足すことで、この会議が「楽しみな予定」になります。「会議の最後には次回の日程を決める」と伝えましたが、次回会議するお店も一緒に探してみるのも楽しいです。家事会議をするのが「楽しみだね」と思えるように工夫してみてください。

また、外ではまわりの目があるため冷静に話し合いがしやすくなりますし、TVやおもちゃなど目移りするものがないこともメリットです。

家事会議の時間

あまり長いと子どもたちは飽きて集中力がなくなるし、決まらないことを堂々巡りしていると不穏な空気になっていきます。**家事会議は長くても1時間以内。**できれば20〜30分でさっと終わらせるようにしましょう。

テーマもその時間内に終わるように、多くても2〜3個程度にします。

- 子どものお手伝い免許皆伝発表
- 今月がんばった家事発表
- 水道光熱費の節約ブレスト

これなら20〜30分程度で終わるでしょう。おやつを食べながら、ご飯を食べながら、お互いを労い合う時間になります。

家事会議のメリット

この程度の簡単な話し合いでも、積み重ねていくうちに家事が他人事ではなくなっていきます。親がやってくれて当然ではなく、「自分も一緒に考えてやらなくちゃいけないことなんだ」という責任感や自覚が芽生えてくるのです。

また、子どもは意外なほど様々なアイディアを持っています。節約ブレストをしてみると、学校で学んだアイディアがどんどん出てくることも。一方的に「電気はちゃんと消しなさい」と言うよりも、自分が出したアイディアや、一緒になって考えた方法のほうが、向き合い方が違います。

そして、定期的に家事を見直すことで、わが家の家事がどんどん最適化されていきます。親だけで悩んでいるよりも、子どもを交えながら一緒に話し合ったほうが、子どもを家事に巻き込みやすいことに気がつくでしょう。

どうしても親は子どもに対して「このお手伝いをして」「自分のことは自分でやりなさい」とただ指示だけを与えてしまいがちです。指示が必要なこともありますが、**家族というコミュニティの一員として責任感を持ち、自分自身で考えて動けるようになることは、家庭でしか学べない大切な学び**のひとつ。ただ指示を出すだけじゃなく、ともに考えていく環境をつくってあげたいものです。

正直に言えば、子どもを家事に巻き込むのはとてもとても面倒くさいことです。料理をつくってくれるよりも、自分でつくったほうが早いし、「片付けなさい！」と一々言うよりも、さっさとやってあげちゃったほうが、何倍も楽です。子どもが手伝ってくれたら楽になるかもしれないと思ったけど、どうやら違うらしい。そんなことは日常茶飯事です。

それでも、子どもが家事を通して学べることは学校での勉強とは全然違った学びになるはずです。

家事は生活そのものであり、ともに暮す人たちとの関係性をつくることでもあります。料理するために必要な材料をそろえること、予算があること、買い物に行く手間が思いの外面倒なこと、好きなものだけ食べていればいいわけじゃないこと、家族それぞれの好みが違うこと、せっかくつくっても文句を言われることもあるし、その後には洗い物もあって、冷蔵庫の残った食材も消化していかなくちゃならないこと。

料理だけでも、調理の技術以外に、本当に様々なことが関わっています。

こうしたことを一つひとつ体系化して教えていくのは、とんでもない手間がかかります。リスト化して覚えさせるのも現実的ではないし、限界もあるでしょう。だからこそ、定期的な家事会議が役立つのです。その都度親がどんなことを考えて家事をしているかを知り、自分が担当してみることでその前後にどんな家事があるかを経験することにもなる。こうして経験を通して子どもは「生活」を身に着けていきます。

家事会議のやり方に決まった型や正解があるわけではありません。ここまでお伝えしたことを参考に、各々の家庭にとってやりやすい方法で工夫してみてください。

おわりに

「家事シェアなんて、当たり前のことであってほしい」

これは14年前、家事シェアという言葉をつくり、それを広める活動を始めて以来、ずっと思い続けていることです。それは、男女平等意識というよりは、もっとシンプルに家庭が「ただいま！」と帰りたくなる場所であってほしいという思いからです。ママにとっても、パパにとっても。そして子どもたちにとっても。

今、社会は大きく変わろうとしています。男性育休が推進されるようになり、パパが抱っこ紐で子どもを連れている姿は当たり前の光景となり、残業を減らし、ワークライフバランスを大事にしようという価値観も定着してきました。

一方で、男性は仕事と通勤時間が多すぎて、ほぼ残っていない自由時間のほとんどを家事育児に費やしているという調査もあります（『ポストイクメンの男性育児　妊娠初期から始まる育業のススメ』平野翔大著、中公新書ラクレ）。そんな現状を目の当たりにしながら、思うのです。

「これからは、男性が家族と暮らしを営む権利を取り戻す時代だ」と。

これまで父親は企業戦士として「仕事」に時間のすべてを捧げてきました。でもそれは「家族との暮らし」と引き換えだったのです。そして女性は社会から「働く権利」を取り戻すために戦い続けてきました。この戦いは、現在もまだ終わってはいません。今度は、男性が社会や企業から「暮らしを営む権利」を取り戻す戦いを始める番です。ママのために家事シェアをするのではありません。自分自身が家族との暮らしをすばらしいものにするために、家事シェアするのです。それが結果的に、ママを救うことになり、子どもとの関係をさらによくし、次世代に家事シェアの課題を残さずに社会や企業を変えることにつながります。

そう思うと、「たかが皿洗い」が、「されど皿洗い」と思えてきませんか。僕は、家事シェアを本当にすばらしいことだと感じています。家事を家族の誰かひとりに抱え込ませてしまっていませんか？　自分だけで抱え込んでしまっていませんか？　少しずつでいい。ぜひ、家事のチーム化に向けて一歩を踏み出してみてください。あなたの家庭の中で生まれた助け合いは、少しずつ社会に広がり、日本を変えていきます。

「家事シェアの本を出版する」、これは僕がNPO法人tadaima!の活動を始めた頃から抱き続けていた夢でした。ありがたいことに、何度か出版のお話をいただいたのですが、それが実現することはありませんでした。主な理由は「市場がない」。初めて出版のオファーをいただいてから約10年、判で押したように言われ続けました。もちろん、僕自身の企画力や知名度など、力不足だったのは言うまでもありません。「やっぱり家事シェアだけで出版するのは難しいのかもしれない」いつしか僕は「何か×家事シェア」という企画を考えるようになっていました。

じつはこの本も、もともとの企画は「片付け×家事シェア本」だったのです。その企画書をディスカヴァー・トゥエンティワンの安永さんに見ていただいていたのですが、話の流れで密かにあたためていた家事シェア本の企画書も見てもらうことに。

「こちらのほうが、熱を感じますね……！」

このひと言が、背中を押してくれました。その後、何度も企画書を練り直し、こうして出版することができます。企画の練り直しから、完成までご尽力いただいた安永さん、本当にありがとうございます。安永さんがあきらめずに企画会議に出し続けてくれたおかげで、こうして出版までたどり着くことができました。

また、執筆にあたり多くの方にご協力いただきました。出版に向けてアドバイスをくださった方々、インタビューに快く答えてくださったご夫婦、お片付けをいつもがんばっているお片付けBootCamp!のメンバー、そして毎週仕事を報告し合うフリーランスギルドの仲間たち。みんなのお陰で、この本を書き上げることができました。
そして何より、日々の生活をともに楽しく助け合いながら過ごしてくれる、愛おしい妻と娘へ。ふたりがいてくれるお陰で、僕はこの仕事のすばらしさを疑うことなく続けることができています。

最後までお読みいただきありがとうございました！　本書を読んで、取り入れられそうなメソッドや考え方がありましたら、家族の関係がよくなりそうだと思えましたら、感想やレビューをいただけると励みになります。
あなたのお家が、10年後も「ただいま」と帰りたくなる家庭でありますように。

三木智有

購入者限定特典

本書をご購入のみなさまに、
チーム家事に役立つ特典をご用意しました。
ぜひお役立てください。

ダウンロード特典

チーム家事フローシート
家族データベース テンプレート

https://d21.co.jp/special/housework/

ユーザー名
discover3041

パスワード
housework

日本唯一の家事シェア研究家が導き出した

家族全員自分で動く　チーム家事

発行日　2024年5月24日　第1刷

Author　三木智有
Illustrator　こつじゆい
Book Designer　上坊菜々子（カバー・本文）
小林祐司（図版）

Publication　株式会社ディスカヴァー・トゥエンティワン
〒102-0093
東京都千代田区平河町2-16-1 平河町森タワー11F
TEL　03-3237-8321（代表）03-3237-8345（営業）
FAX　03-3237-8323
https://d21.co.jp/

Publisher　谷口奈緒美
Editor　安永姫菜

Sales & Marketing Company
飯田智樹　庄司知世　蛯原昇　杉田彰子　古矢薫　佐藤昌幸　青木翔平　阿知波淳平　磯部隆
井筒浩　大﨑双葉　近江花渚　小田木もも　佐藤淳基　仙田彩歌　副島杏南　滝口景太郎
田山礼真　廣内悠理　松ノ下直輝　三輪真也　八木眸　山田諭志　古川菜津子　鈴木雄大
高原未来子　藤井多穂子　厚見アレックス太郎　伊藤香　伊藤由美　金野美穂　鈴木洋子
松浦麻恵

Product Management Company
大山聡子　大竹朝子　藤田浩芳　三谷祐一　千葉正幸　伊東佑真　榎本明日香　大田原恵美
小石亜季　野村美空　橋本莉奈　原典宏　星野悠果　牧野類　村尾純司　浅野目七重
神日登美　波塚みなみ　林佳菜

Digital Solution & Production Company
大星多聞　小野航平　中島俊平　馮東平　森谷真一　青木涼馬　宇賀神実　舘瑞恵　津野主揮
西川なつか　野﨑竜海　野中保奈美　林秀樹　林秀規　元木優子　斎藤悠人　福田章平
小山怜那　千葉潤子　藤井かおり　町田加奈子

Headquarters
川島理　小関勝則　田中亜紀　山中麻吏　井上竜之介　奥田千晶　北野風生　徳間凜太郎
中西花　福永友紀　俵敬子　宮下祥子　池田望　石橋佐知子　丸山香織

Proofreader　文字工房燦光
DTP　有限会社一企画
Printing　シナノ印刷株式会社

ISBN978-4-7993-3041-8
(TEAM KAJI by Tomoari Miki)